¡La vida es tremenda!

Es una realidad. Usted puede ser feliz, participar en actividades de la iglesia y de la comunidad, hacer aportes importantes al bienestar de los demás, ser productivo y saludable y sentirse seguro en medio de una sociedad de mucho estrés, comercializada, automatizada y propensa a las píldoras. No es fácil ni automático, pero es posible mediante el desarrollo de determinadas cualidades personales que forman las características del liderazgo.

Usted puede ser un líder, porque los líderes no nacen, se hacen. ¿Está preparado para el liderazgo? ¡Acompáñeme en esta aventura!

LA VIDA ES
Tremenda

Charlie "Tremendo" Jones

EDITORIAL
Vida
DEDICADOS A LA EXCELENCIA

La misión de Editorial Vida es proporcionar los recursos necesarios a fin de alcanzar a las personas para Jesucristo y ayudarlas a crecer en su fe.

ISBN 0-8297-0634-8
Categoría: Vida cristiana/Motivación

Este libro fue publicado en inglés con el título
Life is Tremendous por Living Books

© 1968 por Charles E. Jones

Traducido por Luis Bernal Lumpuy

Edición en idioma español
© 1996 EDITORIAL VIDA
Deerfield, Florida 33442-8134

Cubierta diseñada por John Coté

Printed in the United States of America

Índice

Le aseguro

La lectura de estas páginas será una de las cosas más provechosas que usted haya hecho jamás. ¿Cómo puedo asegurar semejante cosa? En los últimos doce meses he presentado estas ideas a compañías que juntas sobrepasan los veinte mil millones anuales en ventas. Muchos de estos grandes vendedores y ejecutivos han vuelto otra vez acompañados de su familia para escuchar la misma con-ferencia de tres horas varias veces en un perío-do de doce meses. Nues-tra correspondencia de hombres de negocios, amas de casa, pastores, sacerdotes y estudiantes universitarios da fe de

los resultados revolucionarios de estas ideas.

Si usted ha de beneficiarse como se han beneficiado miles de personas más, no recuerde lo que digo aquí . . . Entendió bien: No debe recordar lo que yo digo. Usted se pregunta: "¿No va a decir algo que valga la pena recordar?" Claro que sí, pero el valor de este libro no radica en que usted recuerde lo que digo, sino más bien en recordar lo que usted piense como resultado de lo que digo. Mi objetivo es probar que lo que usted piense como resultado de lo que yo digo es mucho más importante que recordar lo que digo.

Siempre comienzo una conferencia pidiéndole a todo el mundo que se abstenga de anotar lo que digo porque creo que lo que se oye no hace mucho bien ¡porque si lo hiciera todos seríamos muchísimo mejor de lo que somos! Por supuesto que hemos oído muchísimas instrucciones, informaciones, reglas y sugerencias, ¿no es así? Estoy exagerando el punto, pero tenga paciencia conmigo.

Al salir de una reunión un día, un hombre me dijo: "Señor Jones, le apuesto que el diez por ciento de estas personas no pueden recordar el diez por ciento de lo que usted dijo diez minutos después que lo dijera." Él tenía razón, y por esa razón mis conferencias y mis escritos están orientados a hacerle recordar lo que usted piense, y más que eso a hacerle pensar en lo que ya conoce. Mi objetivo principal es despertar sus procesos del pensamiento y ayudarle a expresar sus mejores ideas con palabras para que pueda aprovecharlas y usarlas. Concéntrese en lo que piense de aquí en adelante, y le aseguro una aventura extraordinariamente provechosa mediante la práctica de las leyes del liderazgo.

Tenemos éxito en las empresas que exigen las cualidades positivas que poseemos, pero sobresalimos en aquellas en que también podemos hacer uso de nuestros defectos.

— *Alexis de Tocqueville*

1

Liderazgo es aprender a vivir

El liderazgo es una obligación y un privilegio de toda persona, sea joven o adulta, porque se basa sencillamente en lo que hacemos. Cada persona tiene la responsabilidad de hacer algo que sólo ella debe hacer. Si disfrutamos de este privilegio y cumplimos con nuestra obligación, crecemos; si pasamos por alto nuestra oportunidad, nos unimos a los timoratos de la humanidad. La experiencia más tremenda de la vida es el proceso de aprendizaje. La situación más triste es cuando una persona piensa que ha aprendido bastante.

¿Oyó alguna vez estas palabras presuntuosas: "Esto es algo que he aprendido"? ¿Sabe lo que ha aprendido? *¡Nada!* Recuerdo haber dicho eso, y poco después terminaba aprendiendo una vez más lo que pensaba que ya había aprendido. Ahora casi he aprendido algo, y ese algo es que ¡el proceso de aprender a vivir es TREEE-MENNNDOOO! Nunca dejamos de crecer hasta que dejamos de aprender, y las personas que están aprendiendo esta sencilla verdad crecerán pero jamás envejecerán.

Una vez un muchacho llevaba a un anciano en un bote de remos a través de un caudaloso río. El anciano sacó del agua una hoja que flotaba, la examinó por un instante y luego le preguntó al muchacho si sabía algo de biología.

— No, no sé nada — respondió el muchacho.

— Hijo, has perdido el veinticinco por ciento de tu vida — dijo el anciano.

Mientras el muchacho seguía remando, el anciano tomó una roca del fondo del bote. La movió entre sus manos, analizando su coloración, y le preguntó al muchacho:

— Hijo, ¿sabes algo de geología?

— No, no sé nada, señor — respondió tímidamente el muchachito.

— Hijo, has perdido el cincuenta por ciento de tu vida — dijo el anciano.

Se acercaba el ocaso y el anciano contempló embelesado la estrella polar que había comenzado a parpadear. Poco después le preguntó al muchacho:

— Hijo, ¿sabes algo de astronomía?

— No, no sé nada, señor — reconoció el muchacho, cabizbajo y con el ceño fruncido.

— Hijo, ¡has perdido el setenta y cinco por ciento de tu vida! — le dijo el anciano en tono regañón.

Precisamente en ese momento el muchacho observó que el enorme dique río arriba comenzaba a quebrarse y torrentes de agua corrían a través de las grietas. Se volvió de pronto al anciano y le gritó:

— Señor, ¿sabe nadar?

— No — respondió el anciano.

— *¡Usted acaba de perder la vida!* — le gritó el muchacho.

Usted no tiene que aprender todos los métodos y las técnicas de la vida, pero debe ser un verdadero investigador de "aprender a vivir" si ha de *dirigir de manera dinámica*, porque el liderazgo no es otra cosa que VIVIR de veras.

En realidad, este libro trata acerca de usted, no del autor. Tal vez me inmiscuya en esto o en lo otro a fin de mostrarle un mal ejemplo que debe evitar, pero el libro hablará de usted. Lo relaciona a usted con las leyes de la vida, a las que llamo las leyes del liderazgo. Nadie que no esté guiando a otros en la vida está de veras viviendo. Compréndalo o no, otras personas lo guían a usted en todos los aspectos de su vida, para bien o para mal. Y con cada momento que pasa están aumentando sus propias responsabilidades de liderazgo. La persona que reconoce esto nunca se sentirá aburrida, pero la persona que lo olvida o que lo pasa por alto estará muerta mucho antes de su entierro. Mi hijo Jere una vez dijo que estaba interesado en la vida después de la muerte, pero aún más en *la vida después de nacer*. ¡Todos debiéramos estar interesados en eso!

Nadie vive para sí. El que sólo vive para sí habita en una isla solitaria, a cuyas orillas van a dar incontables millares de náufragos después de alejarse de las playas seguras del vivir para los demás. Tal vez lleguen arrastrados por la corriente, pero el resultado es el mismo: soledad y muerte lenta para las personas que nunca experimentan la emoción de *aprender a vivir*.

LOS PRIMEROS PASOS

El aprender a vivir comienza con el desarrollo de actitudes positivas y de su visión interior.

En primer lugar, debe estar aprendiendo a decirle algo positivo a todo el mundo todo el tiempo.

Usted dice que eso no es posible. No dije que usted tiene que hacerlo; dije que debe *estar aprendiendo* a hacerlo. Nunca llegará a la perfección, pero puede estar "en el proceso de crecimiento".

Tal vez hasta el noventa y nueve por ciento de nuestra conversación sea negativa. Algunas

 personas arden en deseos de abrir la boca y soltar otra "joya" negativa para que todos la admiren. No estoy hablando de halagos irónicos ni de adulaciones sarcásticas, sino de pesimismo absoluto. Estoy convencido de que no hay nada que alegre más el ambiente de un negocio, de una iglesia o de un hogar que una persona entusiasta que les diga algunas palabras positivas a los demás. Creo que es posible decirle algo positivo a todo el mundo respecto a todo y todo el tiempo *si quiero decirlo.*

¿Oyó hablar de los tipos que estaban en la cárcel?

— ¿Adónde vas? — le preguntó Tomás a Joel.

— A la silla eléctrica — respondió Joel.

— ¡Vas a recibir más energía! — le canturreó Tomás.

Claro que eso es un poco exagerado, pero la actitud de Tomás era positiva. Considere los distintos resultados de las afirmaciones: "¡Esta lluvia lo arruina todo!" y "¡Mira ese hermoso arco iris!" Si usted cultiva el hábito de decirle algo positivo a todo el mundo, no tendrá que decirle algo a todo el mundo; su imagen misma fomentará un ambiente positivo dondequiera que vaya. Pero si no está haciendo nada de esto, usted va a la deriva acercándose a las rocas de la isla solitaria.

Una vez un irritable abuelo se acostó para tomar una siesta. Para divertirse un poco, su nieto le untó en el bigote un queso con un fuerte olor a sicote. El abuelo dio un ronquido y despertó, y salió del cuarto corriendo y gritando: "¡Este cuarto apesta!" Y anduvo por toda la casa. Por último tuvo que salir al patio y, como seguía oliendo el queso, exclamó: "¡El mundo entero apesta!" No le puede ocurrir esta triste experiencia a la persona que está aprendiendo a decirle una palabra positiva a todo el mundo.

En segundo lugar, debe estar aprendiendo a ver algo positivo en todo lo que sucede.

¿Se ha dado cuenta de con cuánta rapidez nuestra mente saca conclusiones precipitadas respecto a lo que vemos y a lo que oímos? Por ejemplo, imagínese que alguien lo llama por teléfono y le dicen: "Es su jefe." ¿Es su primer pensamiento: "Tremendo, parece que quiere darme un aumento"? No, casi todos nosotros reaccionaríamos pensando: "¿Qué habré hecho mal?" O tal vez: "¿Quién se lo dijo?"

Creo que uno de los hábitos más importantes que hemos de cultivar es encontrar algo positivo en todo lo que sucede. Tal vez piense que es tonto buscar algo que no es posible que haya en una situación difícil. Tiene toda la razón al pensar así, pero le estoy exhortando a que cultive el arte de ser realista positivo y vea lo positivo que ya hay allí.

¿Oyó hablar de los dos que estaban en la prisión militar y que tenían una manera positiva de ver las cosas?

— ¿Cuánto tiempo vas a estar aquí? — le dijo uno al otro.

— Treinta días.

— ¿Qué hiciste?

— Me ausenté de la unidad sin permiso. ¿Y tú cuánto tiempo vas a pasar aquí?

— Tres días.

— ¿Qué hiciste?

— Asesiné al general.

— ¿Cómo es que tengo que estar aquí treinta días por ausentarme sin permiso y tú sólo estarás tres por asesinar al general?

— Me van a ejecutar el miércoles.

Es que, si se quiere, cualquiera puede hallar algo positivo en la circunstancia más difícil. El problema con casi todos nosotros es que no queremos. Las mejores cosas de la vida no resultan fáciles; son gratuitas, pero no fáciles. Vale la pena el esfuerzo por desarrollar esta actitud.

En tercer lugar, debe estar aprendiendo a ver grandes las cosas y mantenerlas sencillas.

Jamás he fomentado una fórmula de éxito universal porque me he estado dando cuenta de que ninguna de ellas le dará resultado a usted a menos que *se esfuerce* por ellas. Mi fórmula no le dará resultado necesariamente a usted; pero cuando usted la haga suya, tal vez le resulte.

Hace años nuestra oficina adoptó la fórmula de "ver grandes las cosas y mantenerlas sencillas" y la puso en cada boletín informativo, la grabó en cada corazón y la convirtió en un estilo de vida.

Alguien pudiera preguntar: "¿Qué tiene eso de importante?" Le diré por qué me resulta importante: es lo opuesto de mi carácter. Tengo la tendencia a ver algo pequeño y entonces complicarlo de modo que no puedo hacer nada con eso. Tengo que recordarme constantemente que, aunque puedo recibir ayuda de algunas fuentes, estoy solo en este aspecto. Nadie puede ver por mí grandes las cosas y mantenerlas sencillas.

Es tremendo estar aprendiendo que por muy grande que se vean las cosas o por muy sencillas que se mantengan, jamás se alcanzará lo máximo. Nadie ha visto jamás las cosas tan grandes como pudieran haberse visto ni las ha mantenido tan sencillas como pudieran ser. A veces lo hacemos bien en un aspecto a expensas del otro, como el muchachito que estaba en la esquina con su perrito de orejas caídas.

Un vendedor pasaba por la esquina cada día, y después de una semana sintió compasión por el muchacho que procuraba vender su perrito. El vendedor

sabía que el muchacho no lo veía grande. Se detuvo y dijo:

— Hijo, ¿de veras quieres vender este perro?

— ¡Claro que sí! — respondió el muchacho.

— Bueno, jamás vas a venderlo si no aprendes a verlo grande. Lo que quiero decir es que lleves a casa el perro, le des un baño, lo adornes un poco, le aumentes el precio y hagas que las personas piensen que están obteniendo algo grande; y lo vas a vender.

Ese mediodía el vendedor pasó por allí y estaba el muchachito con un perrito acicalado, perfumado y con un lacito en el pescuezo junto a un gran rótulo que decía: "SE VENDE TREEE-MENNDO PERRITO POR $5.000."

Una nueva idea es delicada. La puede matar un desprecio o un bostezo; puede morir apuñalada por un sarcasmo o perecer atacada por el ceño fruncido del hombre a quien le toca juzgarla.
— Charles Brower

El vendedor comprendió que había olvidado decirle al niño respecto a mantenerlo sencillo. Aquella tarde se detuvo allí para decirle al muchacho la otra mitad de la fórmula, sólo para descubrir que el muchacho se había ido, el perrito ya no estaba allí y en el rótulo grandes letras decían: "VENDIDO".

El vendedor no podía creerlo. No era posible que este muchacho hubiera vendido el perro por $5.000. Lo venció su curiosidad y tocó el timbre de la casa del niño, hasta que el muchachito salió a la puerta.

— Hijo, no es cierto que hayas vendido ese perro por $5.000, ¿no es verdad? — le preguntó el vendedor.

— Sí, señor — respondió el muchacho —. Lo vendí y quiero darle las gracias por toda su ayuda.

— ¿Cómo rayos hiciste eso? — le preguntó el vendedor.

— Pues resultó fácil — respondió el muchacho —. ¡Lo cambié por dos gatos de $2.500 cada uno!

Tenga cuidado no se meta en dificultades al ver grandes las cosas sin mantenerlas sencillas o tal vez al mantenerlas sencillas sin verlas grandes. Sin embargo, si está aprendiendo a verlas un poco más grandes y a mantenerlas un poco más sencillas, va a tener algunas tremendas experiencias.

Recuerde que no hay una escuela ni una

persona en el mundo que pueda enseñarle esto. Tiene que salir de su propio corazón, y usted está aprendiendo el proceso ahora mismo en lo que está haciendo. Usted se está disciplinando para ver algo más grandes las cosas y mantenerlas un poco más sencillas, o de otro modo lo demás que está aprendiendo será en vano porque no tiene forma alguna de usar su nueva técnica ni su capacidad aumentada.

Si está aprendiendo a decir algo positivo acerca de todo a todo el mundo todo el tiempo, si usted está disciplinando su mente para ver algo positivo en todo lo que sucede, y si está aprendiendo a ver grandes las cosas y a mantenerlas sencillas, usted tiene un fundamento sobre el cual edificar una vida desarrollada y segura.

Esto no quiere decir que todo va a resultar más fácil. Todo lo contrario. Sabemos que cuando una persona comienza a crecer, los obstáculos se hacen más grandes. Pero hay emoción y progreso en la lucha, y la vida se hace más fácil sólo cuando uno se desliza cuesta abajo.

POR QUÉ, NO CÓMO

¿Ha observado alguna vez cuántas personas se pasan la vida aprendiendo "cómo" hacer algo? Y después que aprenden, realizan muy poco antes que estén buscando un nuevo cómo hacer algo. Tan pronto como dominan eso, alguien

anuncia otro cómo hacer tal cosa. Aunque es una necesidad la competencia técnica en cualquier campo, la clave para usar "saber cómo" es "saber *por qué*".

Se han fortalecido las grandes organizaciones del país y se han formado las grandes vidas de la historia basándose en las respuestas a "¿Por qué?" Se le puede enseñar a alguien cómo realizar una tarea, pero eso no asegura que la haga. Pero si esa persona descubre *por qué*, aprenderá *cómo* a pesar de todos los obstáculos. La clave no es cómo vivir sino *por qué se está viviendo*. Este estímulo lo mantendrá creciendo.

¿Por qué está leyendo este libro? Confío en que sea con una expectativa positiva de hallar soluciones para vivir y dirigir. Las soluciones vendrán de su propia computadora, el cerebro, mientras yo les doy vuelta a algunos de los porqués.

¿Por qué algunas personas simplemente *existen* en vez de vivir la vida tremenda? No puedo hablar por todos los que soportan la muerte en vida, pero pienso que muchos sencillamente nunca se han convencido de las posibilidades de la vida tremenda.

Al principio mencioné que todo el mundo ha

sido guiado para bien o para mal en todo que se hace toda la vida. A menos que una persona en cualquier etapa de la vida se vuelva un "vendedor" de sus creencias y sus acciones, nunca aprenderá mucho sobre el vivir, porque vivir es participación de la realidad, y la realidad más profunda son las personas. Estamos guiando a otros todo el tiempo, inconsciente o deliberadamente, mediante nuestra conducta o el recuerdo de ellos, en una dirección o en otra. Estamos "vendiendo" nuestros valores morales dondequiera que estemos con otras personas: un niño, un adulto, un cliente o un vendedor. Nuestro problema es que a menudo no comprendemos lo que estamos haciendo ni por qué. Todas las personas con motivos correctos quieren hacer más que existir; quieren contribuir, tener un sentido de importancia, ser aceptadas por los demás. Estas metas y muchas otras se logran mejor mediante el proceso tremendo de aprender a vivir.

Siempre sueña y proyéctate más alto de lo que puedes alcanzar. No te preocupes sólo por ser mejor que tus contemporáneos y tus predecesores; trata de ser mejor que tú mismo.

— *Autor desconocido*

2

Siete leyes
del liderazgo

Dios ha establecido determinadas leyes en su
universo, y estas leyes no hacen distinción
de personas. Con demasiada frecuencia personas
mal motivadas aprovechan las leyes buenas para
los malos propósitos, mientras que personas bien
motivadas suponen que la sinceridad y la diligen-
cia son suficientes para el éxito. Estas últimas no
obtienen buenos resultados para los buenos propósitos porque no están aprovechando las leyes
buenas. De modo que deseo examinar siete leyes
que son absolutas. El seguirlas le asegurará una
tremenda aventura en la vida. O usted las usa y
descubre que funcionan *para* usted, o no les hace
caso y halla que funcionan *contra* usted.

LA PRIMERA LEY DEL LIDERAZGO:

Entusiásmese con su trabajo

Esta es una ley que no puede fallar. Es una ley que resiste. Ahora bien, esto es muy distinto que decir: La primera ley del liderazgo es el trabajo. De cuando en cuando se le oye a alguien decir: "Muéstreme un hombre que trabaje, y le mostraré un hombre de éxito." Y yo digo: "Muéstreme un hombre que diga eso, y le mostraré un tonto." El trabajo por sí mismo no lo logra. Lo sé porque trabajando casi termino con mi existencia una docena de veces.

¿Por qué algunos trabajan y trabajan y trabajan y nunca pueden mostrar los resultados? Sin embargo, algunos no parecen trabajar mucho y tienen grandes resultados. La primera ley del liderazgo no es el trabajo que por lo general consideramos trabajo — aunque implica trabajo —, sino ¡*aprender a entusiasmarse con el trabajo*!

Sin embargo, alguien pudiera decirme: "Jones, ¿no sabe que es fácil entusiasmarse con algo encantador como lo que usted está haciendo o lo que hace un ejecutivo? Si tuviera este trabajo malísimo que tengo yo, no hablaría de esa manera."

Le revelaré un secreto. El "trabajo", dondequiera que lo encuentre, implica sólo una cosa: detalle, monotonía, preparación, esfuerzo, cansancio. Eso es lo que todos tenemos que vencer, sin que importe cuál sea nuestro trabajo.

Desde luego, es fácil entusiasmarme con algo que yo no estoy haciendo. Pero si tengo que hacerlo, y tengo que aprender y crecer y planificar y perseverar, entonces el  trabajo no es tan divertido. Pero la primera ley del liderazgo es aprender a entusiasmarme con *mi* trabajo, no con el de otra persona. No con el trabajo que voy a hacer algún día. La primera ley del liderazgo me dice que me entusiasme ¡con el trabajo desagradable que tengo ahora! Y claro que, si puedo entusiasmarme con él aunque sea desagradable, ¡va a ser tremendo si se vuelve agradable!

Un joven entró en mi oficina después de haberse graduado como el número dos de su carrera en una de las universidades de prestigio de los Estados Unidos.

— Señor Jones, he oído hablar de usted — me dijo —. Me ha entrevistado esta y aquella compañía, y ninguna de ellas me viene bien. Pensé que usted pudiera ayudarme a encontrar lo que me gusta hacer.

¡Oh, uno de esos pobres tipos! — pensé —. *Le daré un pequeño tratamiento por electrochoques.*

— ¿Quiere que yo le ayude a encontrar lo que a usted le gusta hacer? — le respondí —. ¿Cómo puedo ayudarle a encontrar lo que a usted le gusta hacer si yo no he podido hallar lo que a mí me gusta hacer?

— ¿No le gusta hacer lo que está haciendo? — me dijo.

— ¡Lo *detesto*! ¡No se paga bien lo que a mí me gusta hacer! — dije alzando la voz.

¿Sabe lo que a mí me gusta? Me gusta descansar; me gusta *hablar* del trabajo. Me gustan las vacaciones, las convenciones, las comisiones, los aumentos de salario y los largos almuerzos. Pero ¿qué obtengo en vez de eso? ¡Disgustos, angustias y rechazos!

Pero ¿sabe lo que he estado aprendiendo? Si no me entusiasmo con lo que no me gusta hacer, no obtengo mucho de lo que me gusta, para que me entusiasme al respecto.

He estado aprendiendo que la vida no es hacer lo que a uno le gusta hacer. La verdadera vida es hacer lo que se debe hacer. He estado aprendiendo que las personas que hacen lo que les gusta hacer al fin descubren que lo que pensaban que les gustaba hacer, no les gusta hacer; pero quienes están aprendiendo a hacer lo que no les gusta, pero que deben hacer, finalmente descubren que lo que pensaban que no les gustaba hacer es lo que les gusta hacer.

Yo ganaba diez mil dólares al año cuando tenía veinticinco años haciendo cosas que no me gustaba hacer. Me pagaban veinticinco mil al año cuando tenía treinta para hacer cosas que no me gustaban. Cuando cumplí los treinta y cinco me pagaban cincuenta mil al año para hacer cosas que no me gustaba hacer. El salario no hizo que valieran la pena esos trabajos; pero mis esfuerzos y los resultados eran importantes y valían la pena. La vida no es primordialmente una cuestión de hacer lo que a uno le gusta, ¡es hacer lo que se debe y necesita hacer!

Me alegro de haber nacido en la época de la llamada depresión. Había algo que todo el mundo estaba aprendiendo en aquella época sin tomar ningún curso en psicología: ¡Lo más emocionante del mundo era poder trabajar! ¡Tener trabajo, cualquier clase de trabajo, era un privilegio!

Hoy todo el mundo anda buscando el trabajo que le conviene. A veces alguien dice: "Trato de encontrar un trabajo que me venga como anillo al dedo." Al oírlo, pienso: "¡Ojalá que encuentres algo mejor que eso!" Tenemos que aprender que jamás Dios hizo el trabajo que pudiera hacer a un hombre, pero cualquier hombre que se entusiasme con lo que hace puede hacer un trabajo.

No consideramos el trabajo manual como una maldición, ni una amarga necesidad y ni siquiera un medio de ganarse la vida. Lo consideramos una elevada función humana, como un fundamento de la vida humana, lo más digno en la vida del ser humano, y que debe ser libre y creador. Los hombres deben sentirse orgullosos del trabajo.
— David Ben Gurion

Si se observa a una persona que está subiendo, se verá a alguien que sabe que no merece nada y que lo debe todo. Pero cuando llega al punto en que decide que no debe nada y lo merece todo, estará descendiendo antes que sepa lo que sucedió. Observe eso, y vea si es cierto.

¿Por qué es tan importante para el éxito el entusiasmo por el trabajo? Permítame contarle la historia de un tipo que soñó que había heredado un millón de dólares. Soñó que iba a darse una ducha aquella mañana y la ducha no echaba agua. Comenzó a afeitarse y la máquina no afeitaba. Fue a tomarse una taza de café y la cafetera no echó a andar, y la tostadora tampoco funcionaba. Salió a buscar el periódico, pero el periódico no estaba allí. Fue a tomar el autobús, pero el autobús no llegó. Esperó cuarenta y cinco minutos y al fin vio a un tipo que venía jadeando por la calle.

— ¿Qué está pasando por aquí? — le preguntó.

— ¿No se ha enterado? — le respondió con voz entrecortada —. ¡Todo el mundo ha heredado un millón de dólares! ¡Ya nadie va a trabajar más!

En ese preciso momento despertó el hombre. Y fue y se dio una tremenda ducha, y se dio una tremenda afeitada, y se tomó una tremenda taza de café y se comió una tremenda tostada. Leyó un tremendo periódico y tomó un tremendo autobús para ir a ¡un tremendo trabajo! ¡Qué diferente es cuando estamos aprendiendo a entusiasmarnos con el trabajo que tenemos hoy!

Muchos piensan que el entusiasmo o un espíritu alegre es ¡algo que *cae* sobre uno! Quiero decirle esto con todo mi corazón: la tarea más difícil que afrontará en su vida es aprender cada día a entusiasmarse con lo que está haciendo.

A veces una persona dice: "Me estoy preparando para conseguir otro trabajo." Haría mejor en entusiasmarse con el que ya tiene, o ¡tal vez jamás consiga el otro! ¿Está entusiasmado con lo que está haciendo? Esto requiere *trabajo*. El trabajo en la vida es aprender a entusiasmarse con el trabajo. Una vez que una persona comienza a aprender un poco sobre eso, ya va bien encaminada.

No hay nada que nos dé más entusiasmo por el trabajo que un sentido de su importancia y urgencia. *Creo que el fuego de inspiración y grandeza en nuestro corazón puede mantenerse ardiendo sólo al cultivar ese sentido de urgencia e importancia en nuestro trabajo;* no el trabajo que voy a hacer, y no el trabajo que quisiera hacer, sino el trabajo que estoy haciendo ahora.

El negocio es en realidad más agradable que el placer; ocupa toda la mente, el conjunto de la naturaleza del hombre, de manera más constante y profunda; pero no lo aparenta.

— Walter Bagehot

Un sentido de urgencia en el trabajo nos dice que el ayer se ha ido para siempre y que el mañana pudiera no llegar, pero el hoy está en nuestras manos. Nos hace saber que rehuir el trabajo de hoy aumentará la carga del mañana; nos ayuda a realizar las tareas que hoy tenemos delante de nosotros.

Gracias a Dios por el sentido de urgencia que puede transformar un trabajo monótono y de baja categoría en una profesión brillante. Un sentido de urgencia no es la solución completa, pero es un tremendo paso en la dirección correcta. Si usted no tiene un sentido de urgencia respecto a su trabajo, pídale que Dios que se lo dé, cualquiera que sea su trabajo. Crea que Él lo hará y entonces actúe en la debida forma. En vez de vagar por la vida buscando algo que jamás existió, ¡entusiásmese con su trabajo ahora y comience a vivir!

LA SEGUNDA LEY DEL LIDERAZGO:

Úselo o piérdalo

Dios le da a cada uno determinados atributos, características y talentos, y después le dice: "Si usas lo que tienes, lo aumentarás; pero si no lo usas, lo perderás." ¡Úselo o piérdalo! Es una ley.

Una noche en que salía de un seminario, una persona me dijo: "Charlie, ¿piensa que sea posi-

ble que una persona se
entusiasme con su traba-
jo, se emocione y tenga
éxito y, tres años des-
pués, se sienta harto y
lamente el haber oído al-
guna vez de todo ese
lío?"

Se trataba de otra
persona que no conocía
la ley de *Úselo o piérdalo*. Es que un día estaba
usando y disfrutando del talento que tenía. Como
resultado estaba activo y se sentía feliz. Luego
comenzó a descuidarse, sin usar lo que tenía, y lo
estaba perdiendo. Al despertar una mañana se
dio cuenta de que había fracasado. Quienes pierden lo que tenían por lo general le echan la culpa
a otra persona. Considere esto: Nadie es un fracasado hasta que culpa a otra persona. Mientras
admita la culpa del fracaso, ¡no será un fracasado
porque está en condiciones de cambiar su situación!

¿Ha oído de los ladrones refinados que andan
operando por todo el mundo? Una noche robaron
una tienda de calzado. Con cuidado sacaron todos
los zapatos de las cajas y habilidosamente volvie-
ron a poner las cajas vacías en los anaqueles.
Cuando terminaron dejaron la tienda tal como la
habían encontrado, ¡salvo que no había zapatos
en las cajas!

A la mañana siguiente llegó el administrador,

con su acostumbrado optimismo, y celebró una reunión relámpago con los empleados. Entonces apareció la primera cliente y le mandó a su vendedor estrella.

— Ve a atenderla, Bill.

Bill fue corriendo a atenderla.

— Buenos días, señora — le dijo Bill —. Ponga aquí su pie. ¡Qué pie tan bonito! Tenemos para usted algunos zapatos de París que le van a encantar. Este es . . . perdóneme, señora, algo anda mal aquí. Señora, ese no era exactamente el zapato. Quiero mostrarle un zapato que está diseñado para un pie divino como el su . . . ¡Oh tampoco es éste! Yo estaba reservando un par de zapatos para mi esposa que a usted le quedaría muy bien. Mire esto, señora . . . Espere un momento, señora. Volveré en seguida.

— Jefe, tenemos problemas.

— ¿Qué quieres decir con "problemas"?

— Jefe, no tenemos zapatos.

— ¿Qué quieres decir con que no tenemos zapatos? ¡Mira todas esas cajas!

— Jefe, ¡todas esas cajas están vacías!

Sí, señor. Habían robado la tienda ¡y el pobre propietario ni se había enterado! Y así sucede con millones de personas que han sido robadas porque no practicaron la ley de *Úselo o piérdalo*.

Hagamos un pequeño inventario de las existencias de nuestro carácter. Muchos no están aprendiendo la ley de *Úselo o piérdalo*. Esta ley dice que si no se está usando lo que se tiene, se está perdiendo. Si se está usando lo que se tiene, se está ganando más.

Alguien dice: "¿Cómo es que soy dos veces más listo que él y él está ganando dos veces más de lo que gano yo?" Le diré por qué. Él está aprendiendo a usar lo que tiene y a sacarle más provecho.

Verifiquemos algunas de las cajas en su anaquel. ¿Cómo anda su *dedicación total*? ¿La ha verificado últimamente? Si tiene alguna y la ha estado usando, está recibiendo más. Si tiene alguna y no la está usando, la está perdiendo.

A los jóvenes les digo: "Si alguna vez se le pide que haga una actividad suplementaria — algo fuera de su trabajo principal — ¡exija una fortuna por ella!" Porque si renuncia a un poquito de la dedicación total que tiene, está arruinado. Una actividad suplementaria es un deslizamiento; en todo lo que le venga a mano, hágalo con todas sus fuerzas. Si usted aplica su dedicación total, obtendrá más, y más dedicación total obtendrá las cosas que realmente quiere.

Muy bien, verifiquemos su *sinceridad*. Usted dice: "¡Vaya, me alegro de que toque ese asunto porque ese es mi punto fuerte."

No me refiero a la clase de sinceridad que usted muestra para salirse con la suya. Todos sabemos actuar con sinceridad. Me estoy refiriendo a la sinceridad genuina y debida. Estoy hablando de la que aumenta si se tiene alguna y la usa; pero que desaparece si sólo tiene alguna y no la usa.

El año pasado hablé en una convención nacional de una compañía de Hollywood Beach y luego fui a ver a mi papá en Pompano Beach. Apenas tuve tiempo para llegar allí, decirle que lo amo y darle un gran abrazo y luego irme apresuradamente. No hubo tiempo para almorzar y me estaba muriendo de hambre cuando vi que tenía que echar gasolina. *Mataré dos pájaros de un tiro — pensé —. Echaré gasolina y entraré en la tienda para comprar un helado.*

Entré en la estación de gasolina y me detuve detrás de otro vehículo. Salté del auto, con la tarjeta de crédito en la mano, y un empleado se acercó a mi auto.

— Toma mi tarjeta y lléname el tanque — le dije apresuradamente —. Volveré en un minuto.

— ¿Qué es lo que quiere, confundirme? — respondió él.

Saltaron las punzadas del hambre y le dije con brusquedad:

— Toma la tarjeta y llena el tanque o me iré a echar gasolina a otra parte.

Un hombre se siente sosegado y feliz cuando ha puesto el corazón en su trabajo y ha hecho lo mejor posible; pero lo que haya dicho o hecho de otro modo no le dará paz alguna.

— Ralph Waldo Emerson

Crucé al otro lado de la calle para buscar mi helado. A mitad de camino me golpeó un tremendo pensamiento: Acabo de perder un poco de mi sinceridad, y no tengo suficiente para darme el lujo de perder alguna. A duras penas esperé el volver a cruzar la calle para decirle al empleado que lo sentía. Cuando regresé, le dije:

— Hace un momento me porté groseramente contigo, y quiero que me perdones. De veras que lo siento.

¿Sabe usted lo que me contestó?

— Está bien. *¡Todo el mundo es grosero conmigo!*

Sí, vivimos en un mundo donde a muchos les encanta ser groseros con los demás. Sabemos actuar con sinceridad, pero no sabemos mucho en cuanto a ser sinceros, ¿no es así? Una de las cosas más grandes del mundo es estar aprendiendo a ser un ser humano sincero de sentido común. Si muchos de nosotros pudiéramos aprender eso un poco mejor, tal vez nuestros hijos nos estuvieran imitando en vez de anonadarnos.

Es fácil detectar a un estafador. Yo puedo distinguirlo con suma facilidad. ¡Claro que hay que serlo para conocerlo! He descubierto que algunas de las cosas que tomo a mal en los demás son reflejos de mis propios defectos, ¡y he sido más tolerante desde entonces!

Una de las cosas más grandes del mundo es que una persona que tenga alguna sinceridad la emplee *todo el tiempo*, con los vecinos, la familia,

los operadores de ascensores, las meseras, todo
el tiempo. Si no está usando ese poco de sinceridad que tiene, la está perdiendo. No se puede
fingir ni inventar la sinceridad genuina. Y qué
emocionante es encontrarse con alguien que es
verdaderamente sincero. ¡Es sencillamente tremendo!

Verifiquemos la caja de la *lealtad*. Alguien
dice: "Oh, soy bueno en eso también." Sí, sé lo
que usted quiere decir. Muchos piensan que la
lealtad es algo que se da gracias a lo que alguien
le da a uno. Eso no es lealtad. La lealtad es algo
que se da sin tener en cuenta lo que se recibe, y
al dar lealtad se obtiene más lealtad. Y de la
lealtad salen otras grandes virtudes.

Algunos dicen: "Le costará muchísimo ser
leal a una familia o a una compañía." Pero considere lo que le costará si usted no emplea su
lealtad.

---

*Sin lealtad nada puede lograrse en ninguna
esfera. La persona que presta servicio leal de una
manera humilde será escogida para responsabilidades mayores, tal como al siervo bíblico que
multiplicó la mina que le había dado su señor se
le hizo gobernador de diez ciudades, mientras que
el siervo que no puso a trabajar su mina perdió
la que tenía.*

— *B. C. Forbes*

¿Le gustaría a usted pertenecer a algo donde nadie daría la vida por lo que cree? Usted no puede transformar el mundo, pero puede transformarse a sí mismo al usar lo que tiene y al sacarle un poco más. No conozco otra manera de obtener lealtad que emplearla y extenderla.

¿Cómo está su *disciplina*? No hay nada que deteste más que la disciplina. Siempre la odié. Recuerdo a aquel disciplinario padre mío. Casi cada mañana él decía: "Hijo, esto me duele más a mí que a ti." Yo le respondía: "Papá, si te duele tanto, ¿cómo es posible que lo estés haciendo?" Yo odiaba la disciplina.

Pero más tarde en la vida aprendí — discúlpeme, *comencé a aprender* — que uno de los más grandes atributos que puede cultivarse y multiplicarse es lo que se llama disciplina. La disciplina es una virtud. Uno comienza con un poco de ella, se somete a la autoridad y a un trabajo y a una meta, y aprende un poco más acerca de la disciplina.

La persona que no está aprendiendo disciplina al someterse a la autoridad puede probar toda la autodisciplina que quiera, ¡pero no tendrá éxito! No tiene disciplina alguna para poner en práctica la disciplina. Muchos fracasan porque se niegan a ejercitar esta cualidad fundamental. Aun sintiéndose desanimado y defraudado, la disciplina lo estimulará a mantenerse constructivamente ocupado mientras deja atrás las dudas, la preocupación y la lástima de sí mismo.

Algunos decimos: "Haré cualquier cosa, salvo . . ." ¡Jamás diga eso! Si lo dice, eso es precisamente lo que tiene que hacer para comenzar a aprender esta cualidad que necesita tanto como cualquier otra cosa: la disciplina.

Espero que usted no haya permitido que ese ladrón refinado lo haya despojado de sus existencias de carácter cuando usted no estaba vigilante. Recuerde que él sigue trabajando en usted y en mí todo el tiempo. Sencillamente no hay ninguna otra forma de obtener más de lo que se necesita que el usar lo que se tiene.

LA TERCERA LEY DEL LIDERAZGO:

Producción a la perfección

De cuando en cuando me encuentro con alguien que dice: "Usted sabe, es que no soy partidario de actuar con precipitación. Cuando hago algo tiene que ser perfecto."

No sé si ha oído de la tienda de ropa de Samuel, pero Samuel era tremendo tipo. Conocía la ley de *producción a la perfección*. Un día Juan fue a ver a Samuel y le dijo:

— Samuel, quiero comprar un traje.

— ¡No digas eso! — dijo Samuel.

— ¿Qué quieres decir con que "no digas eso"? — le preguntó Juan.

— Aquí no vendemos trajes.

— ¿Qué son todas esas cosas si no trajes? — dijo Juan.

— Bueno, cuando entras aquí para comprar un traje, no es ... Por aquí, ven por aquí ... no es como si pudiéramos venderte uno de confección. Cuando entras aquí para comprar un traje, ¡es un proyecto! Lo convertimos en una aventura. Tenemos que llegar a conocer tu personalidad. Tenemos que llegar a conocer tu actitud y tu aptitud, lo que te gusta y lo que te disgusta. Y cuando llegamos a conocer tu verdadera personalidad, escogemos la tela que te queda perfecta. Vamos incluso a Inglaterra a escoger la oveja que te viene bien. Y en cuanto al forro de seda, vamos a Japón a buscar la seda adecuada; ¡y hasta escogemos el gusano apropiado! En cuanto a los botones; vamos a Alaska para escoger el alce que te queda como anillo al dedo.

— Un momento, Samuel — le interrumpió Juan —. ¡Necesito un traje hoy!

— ¡Lo tendrás! — ronroneó Samuel.

Ahora bien, soy partidario de las cosas bien hechas. En realidad, una de mis frecuentes oraciones, el clamor de mi corazón, es: "Oh Dios, déjame hacer algo bien antes de morir." Pero añado: "Mientras tanto, Señor, ¡ayúdame a hacer *algo*!"

Hay una ley que dice que, si no se está apren-

diendo a poner algo en movimiento hoy, no se
sabrá mucho acerca de la perfección mañana.
Como joven vendedor, estaba aprendiendo esto
en todo momento. Como esposo, padre y maestro
de escuela dominical — lo que usted quiera — mi
corazón se deleitaba en hacer *algo* porque, aunque habría sido mejor si yo hubiera esperado un
poco más, tal vez muchas de esas cosas jamás se
hubieran hecho.

Si nos especializamos en la perfección, pro-
duciremos poco más que sueños. Pero la *producción* nos enseñará un poco acerca de la perfección
en la vida diaria.

LA CUARTA LEY DEL LIDERAZGO:

Dar para recibir

"De veras creo en esa ley — alguien dice —. Eso
me lo enseñó mi abuelo. Mi esposa dice lo mismo. Y
precisamente la semana pasada el pastor predicó
sobre eso. Dijo: '¡Si usted da, usted recibirá!' "

¡No lo crea! ¡Eso no es cierto!

---

*El que no corre riesgos hará mal pocas cosas,
pero hará muy pocas.*   — *Charles Baudelaire*

*Nunca se ha de tropezar estando quieto. Cuanto
más rápido se ande, tanto más posibilidades hay
de tropezar; pero tanto más posibilidades de llegar a algún sitio.*   — *Charles F. Kettering*

Usted ha oído del tipo que dice: "Bueno, mi secreto del éxito es que yo di. Sí, yo di y di y di" ("y miren todo lo que recibí", dice su manera de portarse).

La gente que da para recibir sería mejor que no diera nada. Conozco algunos que se han arruinado con lo que recibieron porque no obtuvieron lo que pensaban que iban a conseguir; *eso los consiguió a ellos*, y ¡eso es muy diferente!

Esto no es sólo un juego de palabras. Hay un "dar para recibir" correcto; pero es muy diferente de lo que por lo general queremos decir. *¡Liderazgo es aprender a dar aunque no se reciba nada!* Si se da para recibir, no se está dando en el verdadero sentido de la palabra, *¡se está comerciando!*

En realidad, no sabemos mucho en cuanto a dar. ¿Se da cuenta de que uno de los grandes problemas del matrimonio es que sabemos muy poco en cuanto a dar? Lo sabemos todo respecto a comerciar, pero no respecto a dar.

Si una persona está *aprendiendo a dar reciba o no*, está de veras dando. Si usted da — sea que reciba algo o no — siempre recibe una mayor capacidad para dar. Esta creciente capacidad forma un depósito listo para un producto vendible que siempre le permitirá producir y dar, y vivir con seguridad y confianza en un mundo que se está muriendo de miedo (a pesar de lo que diga la cuenta bancaria).

Tal vez se pierda la reputación, el hogar y hasta la familia, pero nunca se puede perder la capacidad de dar *si se está aprendiendo a dar*. Pero *no se está dando de veras* si se da para recibir otra cosa que no sea una mayor capacidad de dar.

Una vez una persona me dijo:

— ¿Sabes por qué no puedo trabajar seis días a la semana, veinte horas al día?

— ¿Por qué? — le pregunté.

— Porque este no es mi negocio. Si este fuera mi propio negocio, ¡muchacho, trabajaría de modo extraordinario! Pero no tengo ningún interés de propiedad aquí. Si fuera algo que pudiera dejarles a mis hijos, trabajaría día y noche. Trabajaría . . .

Un momento. Trabajé dieciséis años para una compañía en la que recibía un sueldo. En aquellos dieciséis años no trabajé ni una vez para esa compañía. ¿Para quién estaba trabajando yo? Estaba trabajando para Charles E. Jones y ¡sus seis pequeños comepanes! Y hubo muchas veces en que sabía que estaba dando y no estaba recibiendo nada salvo disgustos y aflicción, y problemas y problemas. Pero me daba cuenta de que estaba aprendiendo a dar, en el verdadero sentido.

El joven contratista que se casó con la hija de un contratista tuvo que aprender a las duras. El suegro quería estimular a su nuevo yerno.

— Hijo, no quiero que comiences desde abajo

donde yo comencé — le dijo —. Así que quiero que vayas y construyas la más tremenda casa que jamás haya visto este pueblo, invierte en ella los mejores materiales, hazla un palacio y entrégamela.

Bueno, esta era una oportunidad de hacer un buen negocio. Se apresuró a hacer de manera chapucera una construcción que aguantaría apenas un par de cicloncitos. Muy pronto fue a ver a su querido suegro con la gran noticia.

— Bueno, papá, está terminada.

— ¿Es tremenda casa? ¿Es un palacio como el que pedí?

— ¡Claro que sí, papá!

— ¿Es de veras la mejor casa que se haya fabricado, hijo?

— ¡Claro que sí, papá!

— Muy bien, ¿dónde está la cuenta? ¿Vas a sacarle buena ganancia?

— ¡Claro que sí, papá!

— Muy bien. Aquí está tu cheque, y ¿dónde está la escritura?

Mientras miraba la escritura, el suegro le dijo:

— No te había dicho por qué deseaba que esa casa fuera la mejor de la ciudad. Quise hacer algo especial para ti y para mi hija a fin de mostrarles cuánto los amo . . . Así que toma la escritura y vayan a vivir en esa casa. ¡La construiste para ti mismo!

A nadie se le honró jamás por lo que recibió. El honor ha sido el premio por lo que dio.
— Calvin Coolidge

El joven estafador salió deprimido con un gran sentimiento de frustración. Pensó que estaba haciendo una fortuna a costa de su suegro al ahorrar dinero en materiales inferiores y procedimientos chapuceros, pero sólo se timó a sí mismo.

Sea contratista o no, usted está edificando una vida. Una vida mejor es fruto de una creciente capacidad de dar. El dar de verdad hace la vida verdadera, creando una capacidad de dar algo que nadie más puede dar.

Quiero asegurarle que todavía no ha vivido nadie que haya vivido esta ley a plenitud. No hay hombre alguno, ni siquiera yo mismo, que sepa mucho respecto a dar. Pero por la gracia de Dios cualquiera puede aprender mejor la ley de *dar para recibir*. Y recuerde que lo que usted recibe a cambio no es un regalo como recompensa sino una mayor capacidad para ir más allá de donde está. ¡Esa es una ley para el crecimiento!

LA QUINTA LEY DEL LIDERAZGO:

Aprovecharse de la experiencia

Al principio de la vida, Dios le da a cada persona un llavero psicológico. Y le da una ley que dice: "Cada vez que te expongas a otra situación, te daré otra llave de experiencia para tu llavero."

Pronto el llavero comienza a llenarse de experiencias, y entonces comenzamos a saber cómo escoger la debida llave para resolver la situación que afrontamos. La persona que no está aprendiendo la ley de *aprovecharse de la experiencia* anda a tientas tratando de hallar una llave que no tiene, o que la tiene en alguna parte y pierde tiempo tratando de encontrarla porque no la ha estado usando. Luego, cuando consigue la llave, algún otro ha venido antes y ha obtenido los resultados.

A veces el que obtiene muchísimos resultados decide descansar y disfrutar de ellos. Ha llegado a los cuarenta o cuaren-  ta y cinco años, y sus ingresos han ascendido continuamente. "Es tiempo de que comience a aflojar", se dice a sí mismo. Los ingresos siguen aumentando, y el éxito viviente dice: "Se acerca el momento en que comience a disfrutar de mi premio."

¡Eso es un problema!

¿Qué hace que una persona de veras produzca? Es saber que debe mucho y merece poco. Pero una persona está en decadencia cuando llega al punto en que piensa: "Debo poco y merezco mucho."

Una de las mentiras más grandes que se le puede encajar a un hombre es: "El éxito es un premio para disfrutar." No conozco ni una persona que esté usando su éxito como premio y que sea de veras feliz. Se nos dice: "Al que mucho se le da, mucho se le exigirá." El éxito no es un premio para disfrutar sino un fideicomiso para administrar.

Conozco a personas en el todo el país que pudieran irse a pescar por el resto de su vida, pero prefieren estar dinámicamente activas y la están pasando en grande.

Esta es una ley emocionante porque el ponerla en práctica hace las cosas cada vez mejor con el paso del tiempo. Cuando usted acumula experiencias usa esas llaves una y otra vez. Finalmente usted sabe qué llaves abren las puertas, y entra en seguida mientras que las personas sin experiencia buscan febrilmente para ver si tienen una llave. El anciano que está aprendiendo la ley de *aprovecharse de la experiencia* no necesita la energía que necesitaba antes; sabe cómo llegar al fondo de un problema y remediarlo.

Las personas más dinámicas y tremendas que han influido en mi vida han tenido más de sesenta años de edad. Algunas tienen más de setenta, ¡y el año pasado el hombre cuya vida más me emocionó ya había cumplido los ochenta!

La mayoría de las personas que están envejeciendo pierden tiempo deseando ser jóvenes otra vez. Yo no quisiera ser joven otra vez. Me divertí muchísimo, pero los jóvenes son desdichados con las preguntas sin contestación; por lo menos yo lo era. Observe a algunos de esos ancianos dinámicos. ¡Tanta exuberancia pudiera arruinar el programa para ancianos! Estoy convencido de que el practicar esta ley puede hacer cada año de su vida más tremendo que el año anterior.

Es una lástima que la gente envejezca en vez de crecer. Una persona que sólo envejece no está practicando la ley de *aprovecharse de la experiencia*. Envejecer significa que se está viviendo sin rumbo, no creciendo. Y eso quiere decir volverse superficial, cínico e ingrato. Pero si se crece, uno se vuelve más profundo, más rico y más pleno. Es emocionante crecer mientras se practica la ley de *aprovecharse de la experiencia*.

Ahora bien, no hay modo de aprender esta ley de la experiencia que pasar por la experiencia. En los primeros años no tuve muchos clientes, pero pasé por muchas situaciones, y esas situaciones me dieron muchísima experiencia que finalmente me trajo muchos clientes.

Es una ley que no tiene ningún atajo. Hay que tomar la ruta principal y atravesar por todo el tránsito, pero es el camino que nos lleva adonde queremos ir.

LA SEXTA LEY DEL LIDERAZGO:

Planificación flexible

Esta es la época del planificador, del organizador. Usted va a un seminario y oye a algún conferenciante dinámico decir: "Muéstreme un hombre que planifique, y le mostraré un hombre de éxito." Digo (para mí mismo, por supuesto): "Muéstreme un hombre que diga eso, y le mostraré un tonto."

Jamás piense que la planificación lo hará todo. Yo acostumbraba a planear planes magníficos, y de tanto planificar casi me quedo sin negocio media docena de veces. ¡El planificar no puede ser la solución!

Usted ha oído al desdichado que se queja: "No soy de los que renuncian fácilmente. He probado seis planes, pero no voy a rendirme todavía. Estoy planeando algo más. Si este plan no da resultado, estoy frito." Tengo una noticia para él: ¡Ya está frito!

Creo en la planificación, pero la clave no es la "planificación", sino la *planificación flexible*. Haga un plan que sea flexible.

¿Sabe lo que quiere decir *planificación flexible*? Quiere decir que *cualquier cosa que puede salir mal . . . ¡saldrá mal!* ¡Así es! Y como sabemos que cualquier cosa pueda salir mal en el momento inadecuado, *la planificación flexible* dice: Planifica basándote en un plan que sale mal para que estés listo con un plan diferente porque *"¡Ese es mi plan!"*

Las estadísticas no sustituyen el juicio.
— *Henry Clay*

¿Sabe usted que muchos son desdichados porque esperan que todo salga bien? ¡Andan en busca de la desilusión! ¡Doy por sentado que todo sale mal, y así me siento jubiloso todo el tiempo! Un tipo que se  las sabe todas me preguntó: "¿Qué sucedería si algo sale bien?" Fácil; puedo arreglármelas con eso. ¡Todavía no he tenido mucho problema con esa situación!

Pruebe esto mañana por la mañana cuando comience las tareas del día. Diga: "Señor, envíame hoy algunos problemas desagradables." Yo lo he hecho, y no bien había comenzado cuando dije: "Has respondido de prisa esa oración." Pudiera usted decir que no tiene que hacer semejante oración; que los problemas desagradables llegan de todos modos. Pero usted no está preparado para ellos, ¿no es verdad?

Recuerdo que cuando me metí en el negocio me explicaron el producto y me dieron un adiestramiento de ventas. Ansiaba entrar en acción. Por fin llegó el gran día y le pregunté al director de ventas: "¿A quién le vendo?" Me respondió: "¡El mundo es tu mercado!" ¡El mundo entero, tremendo!

Pero yo era desorganizado. Era como aquel tejano que entró corriendo en el aeropuerto y exigió:

— ¡Déme un boleto!

— ¿Para dónde? — le preguntó el agente, manejando torpemente los boletos.

— Eso no importa; yo tengo negocios *en todas partes* — se jactó el tejano.

¡Qué enredos! Yo era el maestro en eso. Yo acostumbraba a saltar a mi auto antes de quedarme deshecho por completo y corría a la oficina del director. Entraba apresuradamente y le decía:

— Tengo un problema.

— Déjame decirte lo que es; tu problema es la planificación — me respondía él.

Pensé: *¡Oh qué inteligente es! ¡Ni siquiera le dije el problema y me dio la solución!* Eso resultó muy bien hasta la vigésima vez. Entonces comprendí que mi problema era palabrería de vendedor grabada. ¿Sabe usted cuál es el problema con las palabrerías de vendedor grabadas? ¡Los clientes no saben la parte que les toca responder a ellos!

Tenemos que aprender la *planificación flexible*. Lo que distingue a un hombre que está creciendo es su comprensión de que las cosas salen mal a fin de hacernos mejores. Nunca Dios quebranta a un hombre con problemas si no es para fortalecerlo.

Puede servirnos de consuelo, en todas nuestras calamidades y aflicciones, que quien pierda algo, y así obtiene sabiduría, sale ganando con la pérdida.

— *Sir Roger L'Estrange*

El semental salvaje pudiera parecer hermoso en la meseta con sus crines mecidas por el viento, pero no es muy útil hasta que alguien lo domestica para que sirva de animal de carga o monte en él un jinete. Tampoco es muy buena una persona hasta que forma parte de un equipo y se ajusta a la disciplina de la dirección. Dios enseña a un hombre para que el hombre pueda correr con libertad. Esa es una antigua ley; se le puede impugnar, pero jamás cambiar.

Figúrese cuán superficial sería nuestra vida si Dios no enviara circunstancias que parecen desastrosas de momento, pero que más tarde resultan enriquecedoras y significativas.

Uno de mis empleados me dijo:

— Voy a tener que renunciar.

Le pregunté por qué.

— Bueno, no pienso que esta sea la voluntad de Dios para mí. Las cosas andan mal.

— ¿Que andan mal las cosas? — le respondí —. ¡Eso quiere decir que usted está donde debe estar! ¡Esto puede convertirlo en una persona de éxito!

Jamás olvidaré la gran póliza de seguros que vendí después de haber estado durante tres años en el negocio. ¡Fue el tremendo negocio de mi vida! Construimos una casa linda y grande con las ganancias. Pero a veces las cosas se enredan en las pólizas de jubilaciones, y este fue el enredo de todos los enredos. Por último, tuve que devolver todo lo que había ganado, y me quedaba con los pagos de aquella casa lujosa.

Así me ha sucedido siempre. De modo que he estado aprendiendo que, aunque no puedo determinar en la vida cuándo se me va a dar un puntapié, sí puedo determinar qué camino voy a tomar cuando me lo den.

Supongo que no hay modo de ascender sin algunos descensos. No hay humildad sin humillaciones. Una persona se siente frustrada y amargada si hace caso omiso de la ley de *planificación flexible*.

Oí hablar de un jovencito que fue a trabajar a una tienda de víveres después de graduarse en el instituto de segunda enseñanza, y un par de semanas más tarde su papá le dijo:

— Hijo, hablemos ahora de la universidad.

— ¡Ah papá, no te lo dije! No voy a ir a la universidad.

— ¡Que no vas a ir a universidad? ¿Por qué?

— No voy a ir porque encontré el trabajo de mi vida.

— ¿Qué quieres decir con que encontraste el trabajo de tu vida?

— ¿Sabes? Es que estoy manejando un camión, y me encanta manejar el camión para repartir víveres. El jefe está contento conmigo, ¡y acaba de darme un aumento! En realidad, es un trabajo maravilloso.

— Bueno, hijo, puedes hacer algo además de manejar un camión y repartir víveres toda tu vida.

— Un momento — le dijo el muchacho —.

¿No me decías que la vida es ser feliz?

— Sí.

— Bueno, pues me siento feliz, y eso es lo que voy a hacer. ¡No voy a ir a la universidad!

Bueno, el papá fue la víctima de su propia miopía. La vida no es ser feliz; es estar creciendo. El papá se dio cuenta de que tenía que enfocar el asunto de otro modo. Era inútil darle las soluciones a un muchacho de dieciséis años porque ¡él conocía todas las soluciones! Así que el papá fue a ver al dueño de la tienda y le dijo:

— Juan, tiene que despedir a mi hijo.

— ¿Qué quiere decir con que despida a su hijo? Jamás he conocido a un muchacho como éste. Es el muchacho más maravilloso que jamás haya visto. Acabo de aumentarle el sueldo. Mantiene limpio el camión y mantiene a la gente contenta. ¡Vaya, es grandioso!

— Bueno, no va a ir a la universidad — dijo el padre —, y si usted no lo despide, va a arruinar su vida.

El tendero comprendió que tenía que hacer algo. Un viernes el muchacho llegó a recoger su pago, y el tendero le dijo:

— ¡Quiero hablar un minuto contigo!

La perseverancia y la discreción son las dos grandes virtudes más valiosas para todos los hombres que quieran subir, pero sobre todo para quienes tengan que destacarse.

— *Benjamín Disraeli*

— ¿Sí? — preguntó confundido el muchacho.

— Estás despedido.

— ¿Qué hice?

— Estás despedido.

— ¿Qué pasa?

— ¡Estás despedido!

— ¿Por . . . ?

— ¡Estás despedido!

El muchacho comprendió que se le había despedido. Se fue a casa todo desanimado.

— Muy bien, papá — le dijo —. Iré a la universidad.

Esta es una historia verídica. Unos treinta años después, después que el muchacho había llegado a ser presidente de una de las principales universidades, le dijo a su papá: "Quiero darte las gracias por la vez que conseguiste que me despidieran."

Ahora bien, es una lección difícil de aprender, pero la ley de *planificación flexible* dice que saque provecho de sus angustias y su desdicha o se perderá lo mejor de la vida. Haga parte de su plan las cosas que salen mal, y estará más allá de donde estaba cuando esperaba que algo ocurriera como usted quería.

Esto no quiere decir que usted no deba hacer planes. Charles Schwab, entonces presidente de Bethlehem Steel, le concedió una entrevista a Ivy Lee, un excepcional asesor de gestión empresarial. Lee le dijo a Schwab que su empresa asesora podía revelar oportunidades para el mejoramiento de las operaciones de la compañía. Schwab le respondió que ya sabía de más cosas que debían hacerse de las que él y sus empleados podían ocuparse. Lo que hacía falta era "más acción y no más investigación".

— Si usted nos muestra un modo en que puedan hacerse más cosas — le dijo Schwab —, me dará gusto escucharlo. Y, si da resultado, le pagaré lo que me pida dentro de lo razonable.

— Si eso es lo que usted quiere — respondió Lee —, le mostraré un método que aumentará su eficiencia administrativa, y la de cualquier otro que lo ponga en práctica, en por lo menos el cincuenta por ciento.

Le entregó a Schwab una hoja en blanco y le dijo:

— Anote lo más importante que tenga que hacer mañana.

Schwab hizo lo que se le pidió, y le tomó unos cinco minutos.

— Ahora enumérelas en orden de importancia — le pidió Lee.

Esto requería un poco más de tiempo porque Schwab quería estar seguro de lo que estaba haciendo.

Por último, Lee le dijo:

— Lo primero que va a hacer mañana por la mañana es comenzar a trabajar en el asunto número 1, y siga con él hasta que lo termine. Después tome el asunto número 2 de la misma manera. Luego el número 3, y así sucesivamente.

No se preocupe si no lo termina todo según lo planeado. Por lo menos habrá terminado los proyectos más importantes antes de llegar a los menos importantes. Si no puede terminar todo lo que planificó para mañana con este método, no hay manera en que lo habría terminado. Y sin este método es probable que le hubiera llevado mucho más tiempo terminar lo que debía hacer, sin ocuparse de las cosas en el orden de su verdadero valor para usted y su compañía. Haga esto cada día de trabajo. Después que se haya convencido del valor de este método, haga que sus hombres lo prueben. Pruébelo el tiempo que usted quiera, y luego me envía un cheque por la cantidad que piense que vale la idea.

En pocas semanas, Charles Schwab le envió a Ivy Lee un cheque por $25.000.

Se dice que Schwab afirmó que esta era la lección más provechosa que aprendiera en su profesión empresarial. Se dijo más tarde que este fue el plan gracias al cual una pequeña compañía de acero se convirtió en una de las mayores productoras de acero del mundo. También contribuyó a que Charles Schwab se hiciera multimillonario.

Esa es una manera increíblemente sencilla de programar el día para sacar la mayor ventaja del tiempo disponible, aunque no es una estrategia para alcanzar una meta. Usted necesita *planificación flexible* para eso.

La *planificación flexible* dice que tenga un

plan que le permita actuar conforme a las circunstancias, adaptarse y ajustarse. Aprenda a sacar provecho de las cosas que salen mal, convirtiéndolas en peldaños en el camino del progreso. Eso convierte lo "malo" en "bueno", un cambio que cualquiera debe apreciar.

LA SÉPTIMA LEY DEL LIDERAZGO:

Motivado para motivar

Hoy estamos rodeados de motivadores. Las personas y las cosas procuran motivar a las personas a comprar un producto, a pagar consejos o a alistarse en una causa. Las clases de motivación están atestadas y los libros sobre motivación tienen gran éxito de ventas. ¡La motivación es un gran negocio!

Pero observe cuidadosamente a esos motivadores. Algunos llegan al punto en que pueden motivar a todo el mundo para que haga cualquier cosa y no saben qué hacer con tanto éxito, pero son desdichados porque ¡se olvidaron de aprender a motivarse a sí mismos!

Pudieran ser desagradables sus circunstancias, pero no seguirán así por mucho tiempo si al menos divisa un ideal y se esfuerza por alcanzarlo. <u>No se puede estar en movimiento por dentro y permanecer quieto por fuera.</u>

— *James Lane Allen*

¿Qué usted quisiera ser? ¿Un motivador desdichado y sin éxito o un fracasado feliz y motivado? Yo prefiero ser un fracasado feliz y motivado. Si estoy aprendiendo a estar motivado, finalmente llegaré a tener éxito en motivar a los demás y a ser feliz motivándolos. El motivador que puede motivar a todo el mundo menos a sí mismo puede ganar al mundo, pero jamás disfrutará de él.

Cuán bien recuerdo mi gran deseo como joven vendedor de convertirme en un motivador maestro. Ardía en deseos de terminar mi adiestramiento para poder emplear mis talentos de motivación dinámica. Las presentaciones de ventas eran convincentes, en realidad tan convincentes que pensé que tenía que suavizarlas o el posible cliente moriría de un infarto antes que le pidiera que comprara. Yo sabía que nadie podía resistir la lógica, las ventajas, la seguridad, la paz mental . . . ¡No parecía haber un problema en el mundo que no pudiera resolver mi presentación!

Recuerdo cómo esperaba que el posible cliente me arrebatara la pluma de las manos para firmar sobre la línea de puntos . . . pero nunca lo hacía. En la parte más candente de la presentación, mi posible cliente bostezaba o interrumpía con alguna declaración brillante como: "Pago tanto en seguro que me estoy empobreciendo", o "¡Tengo cinco mil dólares con doble *identidad*!"

Se me caía el alma a los pies. Me sentía tan deprimido que tenía que extender los brazos hacia arriba para tocar fondo. Jamás se ha visto un joven vendedor más desalentado. Pronto comencé a darme cuenta de que mi problema no era cómo motivar a las personas; ¡mi problema era cómo impedir que ellas me "desmotivaran"!

A veces me sentía tan desanimado que no podía hacer otra cosa que acudir al jefe como mi paño de lágrimas, sólo para descubrir que ¡él estaba más desanimado que yo! Me estaban desalentando los posibles clientes, me estaba desalentando el jefe, me estaban desalentando los amigos y a veces pensaba que me estaba desalentando hasta mi esposa.

A veces una persona en un seminario se acerca y nos dice en voz baja: "¿Sabe por qué no tengo éxito? Tengo una esposa desagradable."

Me encanta darles a esas personas el tratamiento por electrochoques: "¿De veras que tiene usted *una esposa desagradable*? Bueno, usted no sabe cuánta suerte tiene. ¡La mayor ventaja que puede tener un hombre es una esposa desagradable! Qué pasaría si mi esposa fuera compasiva cuando voy a casa y le digo cuán malo anda todo, y ella me dijera: 'Oh papito, quédate en casa con mamita y yo te cuidaré.' ¡Tendríamos que consolarnos mutuamente entre los muebles a la orilla de la acera!"

Si usted tiene una esposa desagradable, seguirá trabajando o ella le recordará en primer lugar cuán tonto fue usted por aceptar semejante empleo. Pero no se desespere si no tiene una esposa desagradable. Es probable que pueda triunfar sin esa ventaja.

Estoy bromeando, pero quiero poner en claro que no hay obstáculo alguno que no pueda superar si está aprendiendo a estar motivado. Creo de todo corazón que todo lo que toque su vida va a hacerlo a usted una persona más profundamente motivada, y que a su vez puede motivar a los demás a alcanzar metas más elevadas.

Algunos me preguntan cuál es mi secreto de estar motivado. Bueno, yo no lo hallé; él me halló a mí. Uno de mis éxitos durante mis primeros cinco años en las ventas fue cinco años de consecutiva producción semanal. Eso quiere decir que nunca dejé una semana de vender una póliza. Esto parece impresionante, pero no es toda la verdad.

Toda la verdad es que era partidario de las metas y por eso juré que vendería una póliza cada semana *o compraría una*. Déjeme decirle que, después que compré veintidós pólizas comencé a motivarme! No comprendí que un sencillo juramento tendría la mayor influencia en mi trabajo el resto de mi vida. Por causa de aquel juramento y lo que me costó cumplirlo, comencé a aprender *actividad y dedicación*.

Algunos son activos en su trabajo pero no se

dedican a él. Otros se dedican pero no llegan a ser muy activos. Los dos van de la mano, y estoy convencido de que ¡no hay ninguna forma de aprender a estar motivado sin estar por completo activo y dedicado a cualquier cosa en que usted se ocupe!

Las mayores motivaciones que he tenido vinieron de mi propio corazón y de mi hogar. Ni la experiencia ni la historia de otra persona puede motivarlo a usted tanto como la suya propia.

Yo acostumbraba a decirle a un posible cliente que manifestaba que pagaba tanto en seguro que se estaba empobreciendo que en realidad los seguros lo enriquecían. Pero descubrí algo mucho más eficaz gracias a un trivial episodio hogareño. Esa experiencia me permitía estar de acuerdo de todo corazón con un posible cliente que decía estar empobreciéndose al pagar tantos seguros, pero me daba la oportunidad de darle más motivación al cliente.

Mi hijo Jere, que en ese entonces tenía seis años, un día vino del patio llamando a su madre a voz en cuello. Desde luego, esto me distrajo del trabajo en mi oficina (en realidad nuestra sala, ya que habíamos trasladado los muebles al pasillo). Jere subió su grito varios decibeles, y yo pensé: "Ardo en deseos de tener éxito para poder mudarme a una oficina lujosa en el centro de la ciudad donde pueda fracasar con la mayor comodidad."

Por fin Jere se dio por vencido, y entonces

Gloria salió del sótano, donde había estado trabajando con la lavadora.

— ¿Qué deseabas, Jere? — preguntó ella.

— Nada — respondió él —. Sólo quería saber dónde estabas.

Miles de veces he contado esa historia porque muestra la razón de que pague las primas de esas veintidós pólizas. Tal vez nunca les deje a mis seis hijos un imperio, una manzana de bienes raíces ni grandes valores en acciones, pero voy a dejarles un don inapreciable: una madre de tiempo completo. Gracias a mi seguro de vida los seis podían entrar pidiendo a gritos la ayuda de su madre sabiendo que ella estaba en algún sitio en la casa, aun cuando no respondiera.

En otra ocasión yo estaba sentado en la mecedora leyendo el periódico cuando mi niña Pam, que entonces tenía ocho años, deslizó su rubia cabecita entre mis brazos y se contoneó en mis rodillas. Seguí leyendo y luego ella dijo aquellas pocas palabras que me han ayudado a vender millones de dólares en seguros de vida. Con una mirada de tristeza en su grandes ojos, me dijo: "Papaíto, si tú nunca me dejas, yo no te dejaré jamás."

No podía entender lo que provocó esas palabras, pero de inmediato pensé: "Bueno, cariño, nunca yo te dejaría, pero si el Señor lo ordenara de otro modo por lo menos jamás te dejaré *necesitada*."

Hace años aprendí que hay dos clases de

padres. Hay una clase que dice: "Quiero que mi familia tenga todo lo que pueda darle mientras yo esté aquí para verlo." La otra clase dice: "Quiero que lo tengan esté o no yo aquí para verlo."

Eso es lo que me sucedió como resultado de la actividad y la dedicación.

Tal vez usted diga: "No me dedico a la venta de seguros." "Mi profesión no es la de ventas." Los principios de los que hablamos son los mismos para un estudiante, una esposa, un empleado de oficina, un vendedor o cualquier cosa que uno sea. Lo más grande en su vida será mucho mayor si está sacando provecho de ellos para que le ayuden a *sentirse motivado*. Recuerde que usted está edificando una vida, no un imperio. Uno de mis mejores amigos se confundió precisamente en eso y perdió casi todo lo que tiene valor.

Nadie puede luchar por abrirse camino hacia la cumbre y permanecer en la cumbre sin ejercitar a plenitud el ánimo, el valor, la determinación y el propósito. Todo el que llega a alguna parte lo hace porque primero ha resuelto con firmeza progresar en el mundo y luego tiene suficiente perseverancia para transformar su propósito en realidad. Sin resolución, nadie puede obtener un lugar digno de consideración entre sus semejantes.

— *B. C. Forbes*

Les he oído decir a algunos hombres: "Pongo mi negocio en primer lugar." Y otros hombres dicen: "Pongo a mi familia primero." Unos pocos dicen: "Pongo mi iglesia primero." (Lo cierto es que probablemente se pongan primero a sí mismos.) Pero me he dado cuenta de que mis mejores lecciones para el negocio vinieron de mi familia y de mi iglesia. Y las mejores lecciones para mi familia vinieron de mi negocio y de la iglesia. Y las mejores lecciones para la iglesia vinieron de mi familia y mi negocio.

Otro hijo, Jeff, me dio uno de los mejores adiestramientos de mi vida sobre motivación. Cuando tenía seis años, le pregunté a Jeff qué quería hacer con su vida.

Imagínese eso, con seis años de edad, y ¡ni siquiera tenía idea de lo que deseaba hacer con su vida!

Cuando yo tenía seis años, sabía lo que deseaba ser. Un día quería ser piloto de combate, al día siguiente quería formar parte de la Legión Extranjera Francesa. Quería ser boxeador. Quería ser policía. Siempre quería ser algo. No sucedía así con mi Jeff, que estaba todavía sin rumbo. Así que le dije:

— Jeff, vamos a llevar a cabo un proyecto. Aquí tienes una revista que te muestra una serie de trabajos. Tú escoges un trabajo. Vas a hacer algo, hijo mío.

Al día siguiente había tomado una decisión; se iba a unir al Club de Vendedores Jóvenes.

Llenó el cupón y lo envió por correo.

¡Noto que los niños se vuelven locos por hacerlo todo cuanto antes! Quieren hacer algo. No están recibiendo mucha orientación de nadie, salvo en el mal camino.

Dos semanas después, cuando llegué a casa, Jeff me saludó en la puerta.

— Mira, papá.

Y allí estaba la caja más grande de tarjetas de felicitación que yo haya visto en mi vida. La abrí de inmediato. Había una insignia, credenciales y una nota que decía: "Envíe el dinero dentro de treinta días."

— ¿Qué hago ahora? — preguntó Jeff.

— Bueno, primero tienes que aprender el guión del vendedor — le dije yo.

Cada noche, cuando yo llegaba a casa, Jeff me decía:

— Bueno, papá, ¿estoy preparado?

— ¿Ya dominas el guión del vendedor? — le preguntaba yo.

— No — respondía él.

— No vas a estar improvisando si me vas a representar a mí. Quiero que sepas lo que vas a decir.

Dos semanas después, al fin Jeff me dijo:

— No me gusta ese guión.

— Bueno, escribe uno tú mismo — le respondí.

Al día siguiente sobre la mesa del desayuno había un pedacito de papel que decía: "Buenos días, doña Rosario. Soy Jeffrey John Jones. Represento al Club de Vendedores Jóvenes." ¡Eso era todo! Habían pasado dos semanas ¡y en dos semanas más yo tenía que enviar el dinero! Aquella noche llegué a casa y le dije a Jeff:

— Saca la grabadora; vamos a inventar una presentación de ventas. Tenemos que esforzarnos hasta que domines el guión del vendedor.

Comenzamos a ensayar. Se decía algo como esto: "Buenos días, doña Rosario. Soy Jeffrey John Jones del Club de Vendedores Jóvenes. ¿Tendría la bondad de mirar estas tarjetas de felicitación? Son una verdadera ganga a sólo $1.25 por caja. ¿Quisiera una o dos cajas (sonrisa)?"

Ensayamos y ensayamos, y mientras escuchábamos la grabación pude ver la persona emprendedora que despertaba en Jeff.

— ¿No estoy preparado todavía? — me dijo al fin.

— No, no estás preparado todavía — le respondí —. Sabes cómo sale aquí, pero no conoces el resultado en la práctica. Ve a la sala, y yo seré tu posible cliente. Toma dos cajas, toca a la puerta y te mostraré qué esperar cuando estés en el campo de operaciones.

Rebosante de entusiasmo y de confianza, Jeff llegó de un salto a la sala para demostrarme su talento para convencer. Él pensaba que sí estaba preparado. Tocó a la puerta. Abrí de par en par la puerta manifestando mi descontento: "¡Cómo te atreves a interrumpir mi almuerzo!" El joven vendedor se desplomó poco a poco en un estado de conmoción.

Le di ánimos y comenzamos de nuevo. Le permití que llegara hasta la segunda línea, y le eché abajo sus argumentos; hasta la tercera línea y le eché abajo sus argumentos. ¡Su mamá que estaba en el piso de abajo pensó que yo estaba matando a su hijito! ¡Pero yo estaba preparando a su niñito para la acción! ¿Sabe quién está "matando a su hijito" hoy? El padre que cría a su hijo haciéndole pensar que el mundo va a darle un abrazo y un beso cada vez que se desvía. ¡Yo estaba haciendo que este muchacho mío se prepara para la realidad!

Al fin Jeff conocía al dedillo su presentación y logró recitarla de principio a fin.

— Bueno, ¿estamos preparados? — me preguntó.

— Estás preparado — le dije —. Vamos a comenzar de esta manera. Ve a la calle Camino de San Juan con dos cajas. Lleva puesto saco y corbata. Tan pronto como recibas diez respuestas negativas, vuelve de inmediato a casa. (Yo sabía que más de diez respuestas negativas lo arruinarían.) Y tan pronto como dos personas digan que sí, vuelve de inmediato a casa. (Yo sabía que más de dos respuestas positivas lo arruinarían también. He visto a la prosperidad matar casi a tantos vendedores como los que ha matado el fracaso.)

¡Salió y vendió aquellas tarjetas como pan caliente!

Entonces un día me desobedeció. En un día sumamente caluroso de julio Jeff entró después de recibir diecinueve respuestas negativas seguidas. Estaba agotado y empapado en sudor, y se desplomó en el sofá.

— Si quieren de mis tarjetas de ahora en adelante, ¡van a tener que venir a buscarlas aquí! — dijo él.

— Espera un momento, Jeff — le respondí —. Simplemente has tenido un mal día, hijo mío.

— Oh papá, todos los demás muchachos se han enterado de lo que estoy haciendo y también están vendiendo tarjetas.

— *Sé* que alguien quiere comprarlas.

Alguien *tenía* que comprarlas porque yo no podía usar tantas tarjetas de felicitación.

— Alguien tiene que ir contigo — añadí —. Tienes que conseguir un ayudante. Llévate a tu hermanita Candy. Págale diez centavos para que lleve las cajas, y ella te dará apoyo moral.

¿Salieron y se animaron el uno al otro como yo pensaba? No. Los dos salieron y comenzaron a refunfuñar, y *¡los dos se rindieron!* (Esa fue una buena advertencia para mí: si uno se desanima no debe buscar a un amigo como el paño de lágrimas. Un amigo le brindará compasión, y ya usted se está dando dos veces la compasión que necesita. Más vale que vuelva a la acción y *trabaje* todavía más duro.)

Ahora yo tenía todas aquellas tarjetas en mis manos, más dos que se rindieron fácilmente. Se me tenía que ocurrir algo. "Jeff, el sábado yo mismo voy a salir contigo." Luego llamé a uno de mis ayudantes y le dije: "Jack, el sábado vamos a ir por el barrio donde tú vives, y Jeff está desalentado. Si no consigo sacarlo pronto de ese estado de desaliento, tendré yo mismo que comprar esas tarjetas. Le diré que vaya primero a dos casas de tus vecinos más cercanos. Quiero que reciba dos respuestas negativas y luego que tenga una positiva al llegar a tu casa."

De modo que el sábado fuimos a aquel barrio. En la primera casa dijeron que sí en vez de decir que no, y en la segunda casa también dijeron que sí. Debiera haber visto el rostro de Jeff cuando regresó al auto con un ciento por ciento de promedio! ¡Estaba motivado!

El año pasado le presté a Jeff veinticuatro dólares para financiar un producto de limpieza de casas. Recibió treinta y ocho respuestas negativas en un caluroso día de agosto, pero no se rindió. Él está aprendiendo que si se permanece motivado no importan las respuestas negativas, y sabe que hay por delante una experiencia como la que tuvimos en aquel barrio si se persiste en seguir adelante.

Trabaje tan duro como pueda, reciba tanto como pueda, dé tanto como pueda.

Uno de los mejores relatos que he escuchado que muestra la diferencia entre motivación externa e interna la cuenta Bob Richards, el ex campeón de salto con garrocha. Había un estudiante universitario y miembro del equipo de fútbol que era el número uno como remolón y holgazán. Le encantaba oír los vítores, pero no enfrentarse a los contrincantes. Le gustaba llevar el traje, pero no practicar. No quería hacer el esfuerzo.

Un día los jugadores estaban dando cincuenta vueltas en el campo de fútbol y este ejemplar estaba dando sus acostumbradas cinco. El entrenador se le acercó y le dijo:

— Oye, muchacho, aquí hay un telegrama para ti.

— Léamelo, entrenador — le dijo el joven.

Era tan vago que ni siquiera le gustaba leer.

El entrenador abrió el sobre y leyó el telegrama: "Querido hijo, tu papá ha muerto. Ven de inmediato a casa." El entrenador tragó en seco y le dijo:

— Tómate el resto de la semana de vacaciones.

A él no le importaba si se tomaba el resto del año de vacaciones.

Bueno, lo curioso es que llegó la hora del juego el viernes, y el equipo salió corriendo al terreno, y allí estaba el último muchacho que salió, que era el remolón. No bien sonó el disparo y ya el muchacho estaba diciendo:

— Entrenador, ¿puedo jugar hoy? ¿Puedo jugar?

El entrenador pensó: *Muchacho, tú no vas a*

jugar hoy. Este es un juego muy importante. Este es el gran juego. Necesitamos a los verdaderos jugadores, y tú no eres uno de ellos.

Cada vez que el entrenador daba una vuelta, el muchacho lo importunaba:

— Entrenador, le ruego que me deje jugar. Entrenador, tengo que jugar.

Terminó el primer tiempo con el puntaje muy a favor del equipo visitante. A mitad del juego el entrenador los alentó en el vestuario con un llamado a la victoria.

— Bueno, muchachos, salgan y golpéenlos. No se ha acabado el juego, y tenemos posibilidad de derrotarlos. ¡Ganen este jueguito para su querido entrenador!

El equipo salió precipitadamente y comenzó a cometer errores otra vez. El entrenador, hablándose entre dientes a sí mismo, empezó a redactar su dimisión. Y en ese momento apareció el muchacho.

— Entrenador, entrenador, ¡le ruego que me deje jugar!

Es tremendo saber cómo si sabe por qué. El saber cómo le permite impulsar a usted, y el saber por qué lo impulsa a usted. — C. E. J.

La verdad y el amor son dos de las cosas más convincentes del mundo; y no se les puede resistir fácilmente cuando los dos van de la mano.
— *Ralph Cudworth*

El entrenador miró el marcador.

— Muy bien — le dijo —, métete en el juego, muchacho. Ahora no puedes hacer daño alguno.

No bien entró el muchacho en el terreno y su equipo comenzó a jugar de un modo extraordinario. Él corrió, pasó la bola, bloqueó y derribó a los contrincantes como si fuera una estrella. Contagió con su energía al equipo. El puntaje comenzó a empatarse. En los últimos segundos del juego este muchacho interceptó un pase y corrió por todo el campo hasta que ¡marcó el gol que ganó el partido!

Enloquecieron de alegría los espectadores. Hubo un júbilo extraordinario. La gente cargó al héroe en sus hombros. Jamás se oyeron tantas ovaciones. Por fin se calmó el entusiasmo y el entrenador fue a ver al muchacho y le dijo:

— Jamás vi nada como eso. ¿Qué rayos te pasó allí?

— Entrenador, sabe que mi papá murió la semana pasada — le dijo.

— Sí — le respondió —. Te leí el telegrama.

— Bueno, entrenador, mi papá era ciego. ¡Y hoy fue el primer día que me vio jugar!

¿No sería grandioso si la vida fuera un juego? ¿No sería maravilloso si el terreno de la vida tuviera secciones de aplausos a los lados, y cuando llegáramos a la situación insoportable y no supiéramos cómo salir y nadie nos comprendiera y estuviéramos a punto de doblegarnos y decir esa terrible palabra — "renuncio" —, las graderías cobraran vida y gritaran: "¡Charlie, muchacho, sigue adelante, que estamos contigo!" Yo diría: "¡Bravo! Eso es todo lo que necesito." ¡Vaya, entraría otra vez al terreno para marcar otro gol!

Pero la vida no es un juego, ¿verdad? Es un campo de batalla. En vez de jugadores y espectadores, todos somos soldados, ¡incluso algunos holgazanes y algunos que se ausentan sin permiso! Pero todos estamos en la lucha, sepámoslo o no. Y la persona que sabe estar motivada no necesita ninguna sección de aplausos. Tiene la motivación en su sistema. No busca un apoyo que pueda quebrarse ni un dividendo sujeto a los impuestos; está aprendiendo la motivación desde lo profundo de su ser. Lo que de veras hace a un hombre es su energía interior y el aprendizaje de la ley de estar motivado, no el poder de motivar a los demás. Si usted está motivado, motivará inevitablemente a los demás. Y ¿no es acaso emocionante estar alrededor de personas motivadas?

Espero que todo esto le ayude a expresar sus pensamientos con palabras para que pueda examinar a fondo estas leyes que ya usted ha conocido por instinto. Son esencialmente correctos nuestros conceptos innatos de estas leyes, pero muchísimas cosas en la vida parecen luchar contra estas leyes en un intento por refutarlas. Pero la práctica las demostrará, y únicamente las personas que están haciendo uso de estas leyes fundamentales están avanzando y creciendo en el liderazgo . . . ¡Así que siga aprendiéndolas!

3

Tres decisiones en la vida

Una persona puede determinar el curso de su vida o dejar que los demás lo determinen; todo depende de la motivación. Creo que mi motivación ha sido una constante afluencia de las tres grandes decisiones de la vida. Sólo hay tres decisiones en la vida. Alguien tal vez pregunte: "¿Qué quiere decir, Charlie? Ayer mismo tomé cuarenta y cinco decisiones."

No, en realidad no es así. Esas no fueron decisiones fundamentales. Sólo hay tres decisiones fundamentales en la vida y, cuando se toman, determinan todo lo demás y exigen toda su determinación para acatarlas.

Las tres grandes decisiones son: 1) ¿Con

quién va a pasar su vida? 2) ¿En qué va a invertir su vida? 3) ¿A qué va a dedicar su vida?

¿CON QUIÉN VA A PASAR SU VIDA?

Escucho programas por la noche cuando estoy descansando, o leo revistas en el avión, y se me dice una y otra vez: "Un matrimonio venturoso se basa en la compatibilidad." ¡Compatibilidad! Si un matrimonio dichoso se basara en la compatibilidad, ¡yo debiera ser el hombre casado más desdichado del mundo!

Cuando mi esposa y yo éramos novios, éramos dos de las personas más compatibles que hayan vivido jamás. ¡Éramos tan compatibles que nos perjudicaba! Antes de casarnos, a ella le encantaba hacer las cosas a *mi* manera. Y después que nos casamos descubrí que *ella* tenía una manera de hacer las cosas que le encantaba.

Antes de casarnos, ella me miraba a los ojos y decía: "¡Oh mi amor, te entiendo tanto!" Yo pensaba: *¡Es asombroso, ni siquiera yo me entiendo, y ahora tengo a alguien que me entiende!* Le eché mano de inmediato y me casé con ella. ¿Y qué fue lo primero que descubrí? Que ella había mentido. Resultó que ella *no* me entendía, y ahora después de veinte años todavía me dice: "Es que sabes, cuanto más te conozco, menos te entiendo."

De modo que de pronto nos encontramos

casados. Ella me engañó a mí y yo la engañé a
ella, y ya no hubo remedio. Bueno, pude haberla
cambiado por un nuevo modelo, pero yo había
hecho una inversión en ella, de modo que decidí
reeducarla. El problema
era que ella quería re-
educarme a mí.

Siempre supe que
era tímido, pero nunca
se lo dije porque pensa-
ba que si podía casarme
con ella me ayudaría
crecer y desarrollar mi
masculinidad. De esa
manera yo podía convertirme en hombre antes
que se enterara de que se había casado con un
ratón. ¿Acaso podía evitar que se enterara de la
verdad demasiado pronto?

Bueno, tampoco logré lo que pensaba que
estaba logrando.

En realidad, cada uno de nosotros tenía un
plan. Ella sabía que yo iba a cambiarla y hacerla
mejor, y yo sabía que ella iba a cambiarme a mí
y hacerme mejor. Al principio los planes iban
saliendo muy bien. Yo estaba preparado para
permitirle que me cambiara y me hiciera mejor
tan pronto como yo terminara de hacerla a ella
mejor. Pero ella lo echó todo a perder porque ¡no
permitiría que la cambiara a ella hasta que ella
me cambiara a mí! No me gustó. Decidí morirme
como soy.

Desde luego, *fingimos ser* felices, como otras parejas, pero es probable que no engañáramos a mucha gente. Teníamos que aprender que dos personas se unen para crecer juntas. La escena más dulce del mundo es dos personas que crecen juntas, volviéndose más profundas, más ricas y más plenas al compartir sus vidas mutuamente.

¿Sabe lo que significa eso? Crecer significa *dificultades*, quiere decir *cambio*. Cuando dos personas se unen y no permiten que el uno cambie al otro, pudieran acabar *cambiándose* por otro.

El secreto de un matrimonio feliz no es la compatibilidad, es la integridad: la integridad de las dos personas que toman la decisión de casarse, hacen realmente suya esa decisión y mueren por ella. Cuando mi esposa se casó conmigo fue para bien o para mal (sobre todo para mal), en riqueza o en pobreza (sobre todo en pobreza), mientras vivamos los dos (y no hay más que hablar).

Al casarme se me llamó esposo, pero me casé varios años antes de que supiera qué era un esposo. ¡Estuve casado durante años antes de hablarle a mi esposa! No, no era un matrimonio silencioso; era muy ruidoso, pero no nos decíamos mucho de importancia.

El amor no nos debilita porque es la fuente de todo poder, pero nos hace ver la insignificancia del poder ilusorio del que dependíamos antes de conocerlo. — Leon Bloy

He descubierto que hay muchísimos hombres y mujeres que viven juntos y crían una familia, y nunca saben qué es el hablarse el uno al otro. Algunas personas ni siquiera tienen conversaciones importantes con sus hijos.

La comunicación genuina en la familia es una de las cosas más difíciles de aprender en el mundo. Requiere mucho esfuerzo, algún adiestramiento, algún crecimiento y algún cambio. Puedo señalar el punto donde primero hablé realmente con mi esposa.

Supongo que esto sea difícil de creer, pero di conferencias por todas partes de los Estados Unidos sobre confianza y valor a millares de personas mientras yo mismo no podía reunir suficiente valor para orar con mi esposa y mi familia. Me llevó tres años. Temía que se sintieran molestos o pensaran que me estaba volviendo demasiado religioso. Pero yo sabía que era mi responsabilidad el guiar a la familia, y debía hacerse algo que nos uniera más. No conocí bien a mi esposa ni a mis hijos hasta que al fin comencé a emplear un poco de valor para expresar el amor y el liderazgo mediante la oración unida.

Una de las grandes bendiciones de mi vida la recibí una noche mientras mi esposa yo orábamos juntos. No quiero decir que habláramos mucho de religión; sencillamente le hablamos a Dios acerca de algunas cosas que al parecer no nos decíamos el uno al otro.

Recuerdo que yo estaba molesto con ella por

algo insignificante, y por eso me impresionó tanto. Ella oró primero aquella noche y dijo algo así como esto: "Señor amado, gracias por este buen esposo que me has dado. Perdóname por no ser una esposa mejor. Ayúdame a ser mejor."

Mientras ella oraba, sus palabras me aplastaron. Pude ver con toda claridad que no era culpa suya. Yo era el sinvergüenza. No era el esposo que debiera haber sido. No era el padre que pudiera haber sido. Qué lección tan tremenda... La única forma en que podía comenzar a aprenderla era de rodillas. Si me hubiera dicho aquello de frente habría sospechado que probaba una nueva forma de salirse con la suya.

La clave del éxito matrimonial no es hacer cosas el uno para el otro, sino hacer cosas el uno *con* el otro. No es envejecer juntos sino *crecer* juntos. No es actuar como se espera que los cónyuges actúen, sino pasar la vida aprendiendo a *ser* lo que debieran ser un esposo y una esposa.

Amigo mío, eso es doloroso. Eso es costoso. Muchísimos jóvenes piensan que el matrimonio es una luna de miel. ¿Una luna de miel? ¡Es una guerra! Pero ambos estamos ganando ahora que estoy aprendiendo lo que significa ser esposo. Me alegro de que yo no la dejara por imposible a ella, ni ella me dejara por imposible a mí, porque estamos cambiando lo suficiente como para aprender lo que es hacer nuestra la decisión del matrimonio y morir por ella. Esa es la *verdadera vida*.

¿EN QUÉ VA A INVERTIR SU VIDA?

Algunos dicen que una persona no alcanza el éxito porque no tiene suficiente aptitud. En realidad, la aptitud tiene poco que ver con el éxito. El éxito de una persona en el negocio o en cualquier otro empeño nunca lo determinan la aptitud, el jefe o los amigos. El éxito se logra al tomar una decisión, hacerla suya y morir por ella.

Nunca olvidaré cuando el director de ventas me dio el adiestramiento básico en Harrisburg. Me habló de la libertad, el éxito y el prestigio del trabajo y de cómo me convertiría en millonario. *"Dios mío — pensé —, ¿desde cuándo existe esta oportunidad?"* Creía que la gente me tumbaría la puerta cuando averiguaran lo que yo estaba vendiendo. ¿Qué descubrí cuando salí al terreno? El director de ventas había mentido, o por lo menos exageraba.

Bueno, yo iba a renunciar, pero no podía pagar el franqueo para enviar mi renuncia por correo. A veces puse por escrito por qué iba a renunciar, pero me daba tanta vergüenza la razón mezquina que nunca renuncié. Cuando daba con una razón mejor no podía pensar en una verdadera razón, de modo que perseveré.

La obra de una vida se desarrolla con el trabajar y el vivir. Hazla como si tu vida dependiera de ella, y antes de darte cuenta habrás hecho de ella tu vida. Y una buena vida, además.
— Theresa Helburn

Más tarde, cuando fui director de ventas, me di cuenta de que algunos de los empleados pensaban que no tenían un buen líder. Les decía: "Muy bien, sé que ustedes merecen un mejor líder que yo; pero yo soy el único que tienen y no voy a renunciar. Si ustedes no cooperan, me tendrán que aguantar el resto de su vida." ¡Tuvimos una cooperación magnífica!

¿Observaron alguna vez a un hombre que andaba escogiendo un trabajo? Observemos a ese hombre que entra en la oficina de empleos.

"Hola, señor administrador. Me gustaría probar su empleo. He visto a algunos de sus empleados que no son muy buenos ni siquiera a la hora del receso. Me gustaría probar este empleo, y si me gusta me quedaré."

El pobre administrador está tan necesitado de ayuda en esos días que es probable que le diga: "Firme el contrato."

Ahora bien, eso es como que yo hubiera ido con mi esposa antes de casarnos y le hubiera dicho: "Hola, cariñito. He estado observando tu manera de ser. Me gustaría probarte, y si me gustas me quedaré contigo."

No se puede probar a una mujer y establecer un matrimonio, y no se puede probar un empleo y hacer una carrera. A menos que esté dispuesto a consagrarse a una compañía y a aprender a ser empleado de la misma manera que se consagra a un cónyuge y también aprende a serlo, está condenado al fracaso antes de comenzar.

Tal vez usted diga: "Bueno, yo no lo hice de esa forma y he seguido aquí de todos modos." ¡Sí, hay muchísimos fracasados que jamás renuncian!

Observemos a un comprador más experimentado. "Hola, señor administrador. He andado por toda la ciudad y he entrevistado a cinco compañías. Se ha mencionado su nombre un par de veces como que es bastante buena. Antes de tomar mi gran decisión en cuanto a entrar en una compañía, quiero que me diga lo que puede ofrecerme. Si ofrece algo mejor que esas otras cinco, me va a conseguir a *mí*."

Eso es algo así como si yo le dijera a una mujer: "Hola, cariñito. Te he estado observando. Tengo otras cinco candidatas monísimas en la lista, pero no voy a tomar ninguna decisión hasta que sepa lo que puedes ofrecerme. Si te portas bien, me vas a conseguir a *mí*."

Dios mío, si me consigue a mí no obtendrá mucho, ¿no es verdad? Y la compañía que consigue a un hombre que tiene como base lo que ella puede darle tampoco obtendrá mucho. Muchísimos hombres nunca llegan a conocer la emoción de permitir que un trabajo los haga lo que deben ser gracias a que no comienzan bien.

Jamás he conocido a nadie que fuera un fracasado en su trabajo y que sirviera para alguna otra cosa. He estado aprendiendo que un trabajo es algo que Dios me da y me dice que debo andar de una manera digna de la vocación a que he sido llamado, que debo comenzar a aprender a hacerlo todo con todo mi corazón. Si un hombre no está aprendiendo a amar, honrar y cuidar su trabajo, éste jamás lo honrará ni lo recompensará más de lo que puede hacerlo un matrimonio egocéntrico.

Claro que un empleado debe conocer los beneficios que ofrece una compañía, pero no deben tener la prioridad. Lo que pueda ofrecer una compañía es importante, pero no tan importante como las relaciones. Es importante lo que paga, pero son más importantes las oportunidades de dar y de crecer.

Muchos perderán el privilegio de crecer y envejecer formando un gran equipo porque no tomaron esa gran decisión. Un trabajo es como un matrimonio: se puede cortejar a varias preferidas, pero hasta que siente cabeza con una usted se perderá el éxito que importa en una profesión o un matrimonio. Usted tiene que consagrar su vida a un cónyuge o a una profesión a fin de crecer y brillar. La clave para el éxito profesional no es el adiestramiento adecuado, ni la aptitud ni "la influencia" con el jefe, sino el tomar la decisión del trabajo, hacerla suya y morir por ella.

¿A QUÉ VA A DEDICAR SU VIDA?

La tercera gran decisión es: ¿A qué va a dedicar su vida? Sólo hay dos cosas a las cuales dedicar la vida. No perderé mucho tiempo con la primera porque todos somos competentes en ella. La primera cosa a que dedicamos nuestra vida es al gran yo, me, mío. "¡Mírame, mundo, cuán tremendo soy! ¡Soy un hombre que ha triunfado por su propio esfuerzo!" (¡Qué bien, eso libra a Dios de la responsabilidad!) No podemos engañarnos los unos a los otros; todos reconocemos a quien hace que el sol salga y se ponga sobre su admirable cabeza de chorlito!

Sí, puedo vivir mi vida para mí . . . o la puedo vivir para Dios.

"Oh, no hablemos de religión — pudiera alguien decir —. Eso provoca polémica." Sí, eso es cierto. Pero a veces la polémica aclara el asunto.

Ahora bien, quiero poner en claro que no estoy hablando de obtener éxito al obedecer a Dios. Es probable que le haya oído decir a alguien: "¿Quieres tener éxito? Métete en la religión." Si quiere tener éxito, ¡no haga eso! Conozco a algunas de las personas más espirituales que no tienen bienes materiales, y conozco algunos de los más sagaces estafadores que tienen todo el éxito material que se pueda tener. De modo que no podemos identificar a Dios con el éxito económico.

Tampoco creo que Dios resuelva todos nuestros problemas. En realidad, ¡creo que Él nos da problemas mayores! Cuando se conoce a Dios, la vida no será más fácil, pero será *mejor*. Si a los buenos peloteros les gusta jugar frente a buenos adversarios, y los endurecidos futbolistas quieren jugar con rivales duros, ¿no quieren acaso las personas vivas *vivir* en vez de vegetar? ¡Conflicto, esfuerzo y sacrificio — no tranquilidad y descanso — hacen a los hombres y mujeres de verdad!

Una persona me dijo: "Charlie, ¿es usted de los que piensan que los demás deben creer porque usted cree?" No, no creo eso. Otro tipo me dijo: "¿Cree usted que los demás deben creer todo lo que usted cree?" Le

dije: "No, pero sí creo que una persona debe saber qué cree, por qué lo cree y entonces *creerlo*."

Recuerdo una reunión en Palm Springs que atrajo a unos treinta hombres que habían vendido alrededor de quinientos millones de dólares de productos y servicios el año antes. El orador no podía decirnos mucho sobre ventas y contratación, pero dijo algo que atrajo mi atención: "Señores, no estamos preparados para vivir la vida hasta que no sepamos qué queremos que se escriba en nuestra lápida." Pensé: *Creo que necesitaré algo monu-*

mental... No, él no se refería a lo monumental. Aunque empleó diferentes palabras, sencillamente quería decir: ¿A qué está dedicando su vida?

La religión era una de las cosas a las que siempre resistí. Me oponía a la religión porque simplemente no creía en vivir apoyado en una muleta, y otra razón era que yo estaba *a favor* de todo lo aquello a lo cual se *oponía* la religión.

Cuando yo era joven, la gente de la iglesia me decía: "Jones, tienes que odiar el pecado." Yo pensaba: *¡Yo lo amo! Nunca he tenido que aprender a pecar; es algo que me resulta natural.*

Mi papá decía: "Mira, hijo, tienes que dejar de beber, de fumar, de maldecir y de jugar dinero." Yo le decía: "Un momento, papá. Si es así, mejor me voy al infierno ahora mismo. ¿Acaso qué voy a hacer con todo mi tiempo?"

Algún otro me decía: "Necesitas tener religión." Yo le respondía: "Un momento. Soy más feliz sin religión que usted con ella. Si quiere intentar convencer a alguien, ¿por qué no convence a algunas de esas personas religiosas desagradables y me deja ser feliz?" Eso lo ahuyentaba.

Recuerdo que alguien me dijo alguna vez: "Tienes que hacer lo mejor que puedas para ir al cielo." Le respondí: "¿Lo mejor que yo pueda? Mi amigo, si hacer lo mejor que pueda es el criterio para llegar al cielo, entonces voy de cabeza al infierno porque jamás hice lo mejor que pude ni un solo día de mi vida." Siempre pude haber hecho un poco mejor las cosas si me hubiera esforzado un poco más. Así que debo haber estado yendo al infierno con la mayor comodidad, junto con todos los demás que estaban dejando de hacer lo mejor que podían.

Entonces un día me dijeron: "Jones, tienes que bautizar a tus hijos o no llegarán al cielo." Pensé: *Puedo poner en peligro mi destino, pero no debo poner en peligro el de mis hijos.* Así que hace unos dieciocho años todos aparecimos delante de un enorme grupo de personas y fuimos bautizados. Todavía me acuerdo cuán mal me sentí tocante a todas aquellas promesas que le hice al pastor. "Harías tal y tal cosa", preguntó él. Y le respondí: "Sí, sí, sí." Yo sabía que estaba mintiendo en todo, pero todos los demás habían mentido y supuse que yo no tenía ningún derecho a desbaratar los planes a esta altura del juego.

Entonces un día iba paseando en mi auto cuando vi a alguien que no había visto durante años. Me detuve y subió de un salto al auto. Eso era un milagro. ¡La mayoría de la gente salían de un salto . . . cuando trataba de venderles algo! Yo estaba preparado para vender, pero él se me anticipó.

— Charlie Jones, ¿cómo está tu alma? — me dijo.

Nada puede compararse en la vida con la emoción de conocer a Dios y de saber que Él nos conoce.
— C.E.J.

— ¿Mi qué? — le respondí.

— ¿Has nacido de nuevo? — me preguntó.

Por algo estoy aquí, pensé decirle.

— ¿Vas a ir al cielo cuando mueras? — preguntó entonces.

— ¡Cuando muera! — le dije —. ¡Si apenas estoy despegando en la vida!"

Este amigo sacó de repente la Biblia, y me di cuenta de que por primera vez en mi vida me había encontrado con un fanático religioso; pero ni modo parecía estar loco. Con cuidado emprendí mi estrategia. Siempre dejaba que el posible cliente expresara su problema, y cuando se callaba yo resolvía su problema. El único problema con este amigo era que jamás se callaba.

Bueno, me tenía atrapado. Yo tenía preparadas todas mis frases hechas para responderles a los religiosos, pero él no me daba oportunidad alguna. Yo conocía todas las frases religiosas y las respuestas, pero este tipo no me dijo a qué iglesia debía unirme, ni qué debía dejar ni qué debía comprar. Me dijo que es verdad lo que dice la Biblia, que Jesucristo es el Salvador del hombre y que Dios ama a los pecadores.

Yo pensaba que Dios sólo amaba a los religiosos, y entonces me enteré de que Él ama a los sinvergüenzas. Pero no podía creerlo, y le dije: "¿Quieres decirme que Dios me ama y quiere entrar en mi vida, así como así? ¿Estás tratando de fundar una nueva religión? Llegas y me dices que sólo rinda mi corazón y deje que Dios viva en mi vida. He escuchado muchísimos debates religiosos, pero esta es la primera vez que oigo tal cosa."

Me dijo: "Tal vez sea porque . . ." Acto seguido me leyó algo de la Biblia. Yo había leído todos los libros posibles que refutaran la Biblia. Consideraba la Biblia un mito, una fábula o un clásico de la literatura.

— Es sólo para los incultos y los menesterosos — le dije —. No es para las personas que saben.

Pero él siguió leyendo pasajes que yo no podía responder.

— Muy bien — dije —, cuando esté listo para reformar mi vida, leeré algo de eso; suena bien.

— No necesitas reformar tu vida; lo que necesitas es una nueva vida — me dijo él.

¡Cómo es que sabía eso! — pensé entonces.

Pronto vi que él no iba a comprar ningún seguro, y que yo no quería convertirme. Estaba a punto de sacarlo del auto. Él sabía que estaba resistiendo inútilmente, pero se mantuvo firme, citando pasajes bíblicos que yo no pude contradecir.

Por último, me dijo: "Muy bien, Charlie, me voy a ir, pero recuerda esto: Si la Biblia está equivocada y tú tienes razón, los cristianos no tienen nada que perder. Pero si la Biblia tiene razón y tú está equivocado, lo pierdes todo." Luego añadió: "Los protestantes, los judíos y los católicos discrepan en muchísimas cosas, pero están de acuerdo en esto: la Biblia es la Palabra de Dios."

Ese era el mejor argumento en favor del cristianismo que jamás había oído. Me libré de él, pero no pude olvidarme de él. En aquel momento decidí que no volvería a comer, ni vendería otra póliza, ni le hablaría a otra persona hasta que determinara si eso era cierto. Si la Biblia no decía la verdad, entonces la tiraría a la basura, dormiría los domingos por la mañana y ahorraría el dinero que daba de ofrenda. Pero si decidía que la Biblia decía la verdad, le pediría a Dios que me hiciera cristiano costara lo que costara y fuera lo que fuera ser cristiano.

Sabía que no necesitaba a Dios para tener éxito. No necesitaba a Dios para ser norteamericano. No necesitaba a Dios para tener esposa. No necesitaba a Dios para tener hijos. Pero sí necesitaba algo.

Al recordar ahora el pasado, me doy cuenta de que nunca supe lo que era sentirme amado en el verdadero sentido de la palabra. Jamás sentí que el amor penetrara más allá de las barreras que todos levantamos en nuestro corazón. No sabía entonces que existiera semejante amor.

Así que aquel día manejé por las calles de Lancaster meditando. Recordaba otra cosa sorprendente que mi amigo había dicho: "Charlie, no hay nada que puedas hacer por Dios; Dios quiere hacerlo todo por ti."

Ese era un nuevo enfoque. La gente acostumbraba a decirme: "Dios puede usar a una persona como usted." Mi respuesta era: "Si Dios necesita que *yo* le dé una mano, ya tiene demasiados líos."

Después de pensar mucho, detuve el auto e incliné la cabeza y dije: "Ahora, Dios, no entiendo todo esto, pero por alguna razón por primera vez creo que la Biblia dice la verdad y que soy pecador. Quiero que me perdones y entres en mi corazón y hagas de mí cualquier cosa que signifique ser cristiano, en el nombre de Cristo. Amén."

Levanté la cabeza después de decir "amén" y esperé oír el aleteo de los ángeles o el brillar de las estrellas. Había oído acerca de volverse religioso y pensaba: *¡Caramba, esto va a ser bárbaro ahora!* Me senté allí, ¡y no sucedió nada!

Tal vez Dios considere que estoy haciendo una de mis oraciones poco sinceras, pensé. Yo acostumbraba a orar a menudo y decía: "Señor, déjame hacer un gran negocio y ganar mucho dinero, y reformaré mi vida." Pero esas no eran oraciones. Ahora, por primera vez en mi vida, estaba pronunciando una genuina oración desde lo más íntimo del corazón.

Incline la cabeza otra vez como si fuera un niño y dije: "Ahora, Señor, estoy hablando en serio. Oye mi oración. Amén."

El bien más valioso que quisiera dejarte es mi fe en Jesucristo, porque con Él y nada más puedes ser feliz, pero sin Él y con todo lo demás jamás serás feliz. — *Patrick Henry*

Volví a levantar la cabeza. No sentía nada todavía. Y tampoco sentí nada en el resto del día, ¡ni al día siguiente! Pero comprendí algo.

Cuando era niño quería crecer y convertirme en hombre. Ansiaba saber lo que era sentirme hombre. A los doce años entraba en el baño después que mi padre había terminado de afeitarse, y tomaba su vieja maquinita de afeitar y me enjabonaba la cara. Me habían dicho que la barba me saldría más pronto si me afeitaba los vellitos del rostro. ¡Estupendo, eso era lo que yo necesitaba para sentirme hombre!

Me ponía los zapatos de papá y sostenía delante de mí sus pantalones para ver si estaba llegando a su estatura. Cuando yo tenía veinte años y trescientos sesenta y cuatro días, apenas podía esperar un día más para sentirme como un *hombre* verdadero, vivo, vigoroso. Y entonces llegó mi cumpleaños número veintiuno, ¡y no me sentí nada diferente!

Ansiaba saber lo que era estar casado. Sabía por qué no me sentí bien cuando ella aceptó mi propuesta de matrimonio. No me pertenecía aún. Cuando tuviera a alguna que fuera completamente mía, sabía que me sentiría de la forma que anhelaba.

Entonces yo estaba de pie delante del predicador, y él dijo: "Ahora los declaro marido y mujer." Ya la tenía a ella. Pero no me sentí nada diferente. Pocas semanas después, si daba una vuelta en la cama y decía: "Mi amor, me siento como si ya no estuviera casado", ella me respondía: "¡Pues lo estás de todos modos, así que no trates de escaparte!"

Era inútil negar que estaba casado. Yo la había aceptado y ella me había aceptado a mí, y estábamos casados. Nunca tuve que sentirlo. ¡Pero era mejor que lo creyera!

Un día dejé de sentirme orgulloso de estar contra Dios y tomé la decisión de pedirle que entrara en mi vida. Dios dijo que entraría en mi vida, yo lo creí y eso fue todo.

No se pase la vida sólo dejándose guiar por el instinto. No haga caso de los sentimientos. Ese vicio es sólo para quienes viven de caprichos. La persona que está aprendiendo a vivir de verdad sabrá lo que es tomar una decisión y ser fiel a ella.

Cuando tome una decisión, hágala *suya. Viva por ella*. Grábela en su corazón. Recuerde que las decisiones no han de tomar a los hombres; los hombres han de tomar las decisiones.

Lo que he aprendido de la vida

Las mejores lecciones de mi vida no son las que me enseñan nuevas cosas, sino las que me ayudan a desaprender algunas viejas cosas.

Una fórmula para el crecimiento que no falla: cometa en quince años todos los errores de cincuenta.

La mayor tarea de la vida no es ser un hombre que se destaca entre los hombres, sino ser un hombre de Dios.

La meta de una compañía no ha de ser meter más hombres en su negocio ni meter más de su negocio en la cabeza de los hombres. Su mayor tarea es desarrollar el carácter de sus hombres.

No piense que en otro sitio será más útil que donde está ahora; el mejor trabajo que jamás tendrá es el que está realizando. Ningún trabajo hizo jamás a un hombre, pero un hombre recto puede hacer cualquier trabajo.

Un hombre jamás es un fracasado hasta que culpa a otra persona.

No es importante que todo el mundo sea como usted, pero es muy importante que haya alguien como usted.

No pase la vida tratando de tomar buenas decisiones; invierta su vida en tomar decisiones y en tomarlas bien.

— *Charles "T" Jones*

4

Los líderes
son lectores

Uno de los mejores pensamientos que he oído
es éste: "Dentro de cinco años será el mismo
que es hoy si no fuera por las personas que
conozca y los libros que lea." Usted sabe que eso
es absolutamente cierto.

Hace varios años alguien me dio un ejemplar
de *Wake up and Live* [Despierta y vive]. ¡Tremendo libro! Además, ¡escrito por una mujer! No
tengo nada contra las mujeres, que quede claro;
pero es asombroso que este es mejor que el que
pudiera escribir cualquier hombre. ¡Eso demues-
tra que por lo menos somos iguales después de
todo!

Ese libro es grandioso porque dice de modo

apasionante cómo tener éxito. Un descubrimiento frustrante para mí fue que hago más para fracasar que para tener éxito. Alguien me preguntó: "Si hace más para fracasar que para tener éxito, ¿cómo es que tiene tanto éxito?" No me atribuyo ningún mérito. ¿Acaso tengo la culpa de que otros se esfuercen más que yo por fracasar?

Dígame: ¿Qué nos hace fracasar? La ansiedad, el temor, la incertidumbre, la inseguridad, el egoísmo, la envidia, la ingratitud, la irritabilidad, la desorganización . . . ¿Piensa que alguna vez tomé un curso en algo de eso? Soy tremendo en todo eso. Es algo que me resulta natural.

Pero ¿qué se necesita para ser genuino, para crecer? Se requiere valor, entusiasmo, profundidad, sinceridad, fe, gratitud, desinterés . . . Carezco por naturaleza de todo lo que se requiere para tener éxito. Puedo actuar como si tuviera esas cualidades, desde luego; pero a veces cuando se aprende a fingir en cualquier momento a uno lo descubren.

No quiero ser un actor ni un fracasado, pero necesito ayuda. Los libros me han ayudado a pensar en las cosas y a expresar algunas tremendas ideas que jamás se me hubieran ocurrido sin leer.

Jamás olvidaré la emoción que sentí cuando leí un libro lleno de verdades tremendas que eran todo lo contrario a lo que yo había creído. Después del primer libro, encontré montones de ellos, y muchas de esas tremendas ideas se habían escrito hacía cincuenta o cien años.

Comencé a compartir con los demás estas ideas comprando varios ejemplares de los libros y regalándole un libro a todo el que entraba en mi oficina. Si no querían leer, de todos modos recibían uno. Sabía que en algún momento se sentirían impulsados a leer, y estos libros harían por ellos más que un camión de píldoras.

Los libros comenzaron a transformar mi vida y la vida de mis amigos y compañeros de trabajo. Entonces comprendí que no había hecho caso de las personas más importantes de mi vida: mi familia. Mi hijo mayor Jere tenía catorce años en aquella época. Era un perfecto ejemplo del adolescente moderno. Nunca hacía nada malo . . . ni hacía nada bueno; ¡sencillamente no hacía nada! Bueno, mataba el tiempo en los deportes. Obtenía notas de sobresaliente. Pero en lo que se refería a atractivo estaba muerto. ¡Era tan introvertido que ni siquiera podía dirigir en una oración en silencio!

Yo —como la mayoría de los padres— he sido crítico de cómo se manejan las cosas en Washington, pero un día me di cuenta de que yo tenía en mi hogar un programa peor que el de los políticos en el gobierno. Decidí que era tiempo de un cambio y, como los libros me habían resultado de tanta ayuda en mi vida, decidí usarlos con mi hijo.

Sabía que Jere se me rebelaría si lo obligaba a leer, de modo que planeé una estrategia. Es que puede dársele un consejo a alguien, pero no se le puede obligar a que lo siga. De modo que decidí emplear una treta para estimularlo a leer.

"Jere, dentro de dos años me vas a pedir que te ayude a comprar un auto, y yo quiero ayudarte. Pero no voy a darte el dinero. Esta es mi propuesta. Voy a pagarte diez dólares por cada libro que leas. Yo escogeré el libro, tú me darás un informe por escrito, y yo pondré diez dólares en el fondo para que compres un auto. De modo que, si lees como es debido, manejarás con gran lujo. Pero si lees como un vago, manejarás como un vago." ¡De la noche a la mañana comenzó a tener tremendo deseo de leer!

El primer libro que le di fue el de Dale Carnegie *Cómo ganar amigos e influir en las personas*. Jamás olvidaré que bajó las escaleras al día siguiente con una gran sonrisa y me dijo: "Papá, ¡hay todo un capítulo sobre el sonreír y el dar un apretón de manos!" Y él me estaba sonriendo, ¡con sólo catorce años de edad! He conocido a algunos hombres que se pasan casi toda la vida ¡sin aprender a sonreír ni a dar un fuerte apretón de manos!

El siguiente libro que le di a leer fue *The Atom Speaks* [El átomo habla], escrito por D. Lee Chesnut. Chesnut fue director de ventas para la General Electric, y su libro ata los cabos de lo espiritual y lo científico. Le di a leer eso porque sabía que cuando se fuera a la universidad había la posibilidad de que escribiera a casa la acostumbrada carta que comenzaba con "Querido papá":

```
Querido papá:
   Tu fe no tiene validez. No
creo en tu Dios. ¡Adiós!
```

Yo quería estar seguro de que, cuando se fuera a la universidad, no fuera con mi fe en Dios sino con su fe en Dios, y si la suya no daba resultado, era su culpa. Nadie puede hacer que dé resultado la fe de sus padres; cada cual tiene que tener su propia fe. Yo también quería prepararlo para enfrentarse al profesor que tratara de probarle que Dios no era necesario.

Me angustio al ver al muchacho cuyo padre lo manda a cursar estudios universitarios antes de enseñarle un poco del por qué y cómo de la vida. Me gusta lo que dijo un destacado ejecutivo: "Después de pasar toda una vida en desarrollo empresarial, estoy convencido de que el desarrollo espiritual es más importante que la enseñanza superior. Se puede obtener educación y no crecer, pero es imposible no recibir una buena formación si se crece espiritualmente."

Sólo se lee bien cuando se lee teniendo en mente una meta muy personal.

— Paul Valery

Nunca olvidaré el haberle dado a Jere un libro escrito por Alan Redpath, pastor de Inglaterra. Trata acerca de la vida de Josué, el personaje bíblico. Este libro hace que cobre vida el Antiguo Testamento. ¡Enseña que se puede perder *como es debido*! Le dije a Jere: "Vive tratando de ganar, pero si pierdes, ¡piensa que fue tremendo! Disfrútalo y sigue a la siguiente batalla." Jere nunca pudo entender eso hasta que le di el libro de Redpath.

Una ilustración de ese libro describe a dos pastores que se encuentran en la calle. Un pastor le dice al otro:

— ¡Oye, me enteré que tuvieron una campaña evangelística en tu iglesia!

— ¡Vaya si la tuvimos!

— ¿Cuántos nuevos miembros ganaron?

— Ninguno, ¡pero sí fuimos bendecidos con los que perdimos!

Es que no hay que recibir para ganar; a veces se pierde y se gana. Bueno, íbamos para la Escuela Dominical y le dije:

— Jere, ¿cómo te estás llevando con mi amigo Alan Redpath?

— Papá, todo el mundo debe leer ese libro.

Luego extendió el brazo y me dio un golpecito en la pierna.

— No, papá, ¡todo el mundo debe *tener* que leer ese libro!

Este muchacho se había pasado quince años dando vuelta por la casa sin hacer nada, ¡y ahora tenía en el cerebro carburante de alto octanaje!

Con el tiempo Jere leyó veintidós libros. ¿Compró el automóvil? No, se quedó con el dinero y usó mi auto y mi gasolina. ¿Escribió la acostumbrada carta que comenzaba con "Querido papá"? Sí y no. Después que se fue a la universidad, cada día me escribía una postal, y me emocionaban las palabras. Hizo el hábito de escribir cada día sobre una nueva idea que se le ocurría, o un nuevo enfoque sobre una vieja idea. Y estas ideas han salido de su lectura. ¡Puedo decirle la mismísima página que le pagué que leyera que inspiró algunas de esas tremendas ideas!

Aquí presento algunas de las notas de Jere que muestran lo que los libros hicieron por él ¡y por su papá!

```
Querido papá:
   El único hombre feliz, que
tiene éxito, que se siente
confiado o que es práctico es
el que es sencillo. Es decir,
el que ve grandes las cosas y
las mantiene sencillas. A no
ser que su mente pueda
cristalizar todas las
respuestas en una poderosa
energía de motivación personal,
vivirá sólo una vida de
incertidumbre y temor.
                  Tremendamente,
                  Jere
```

Papá:

Es tremendo saber que, cuando
uno se encuentra desplomado,
tal como el pelotero que con el
tiempo se repone, así se repondrá
uno también. Sí, el tiempo sana
las heridas. Como tú decías,
uno no pierde ningún problema,
simplemente encuentra otros
mayores. ¡Problemas tremendos!

Tremendamente,
Jere

Papá:

Acabo de comenzar a leer *Cien
grandes vidas*. Gracias por lo
que escribiste en la
dedicatoria, donde dices que
jamás ningún gran hombre
procuró ser grande; ¡sólo
siguió la visión que tenía e
hizo lo que debía hacerse!

Te quiere,
Jere

Papá:

Pasé a máquina algunas citas
de la Biblia y de Napoleon Hill
para verlas dondequiera que
mire. Cuando me pregunten qué
son, diré que son fotografías
de mis modelos.

Jere

Papá:

Estoy más convencido que nunca de que se puede hacer todo lo que uno quiera; se le puede ganar a cualquiera en cualquier cosa con sólo trabajar duro. No importan mucho las desventajas porque con frecuencia quienes no las tienen muestran una mala actitud y no quieren trabajar.

Jere

Papá:

Nada nuevo, sólo el mismo pensamiento apasionante de que ¡podemos conocer a Dios personalmente y para siempre en esta asombrosa vida!

Jere

Papá:

Es tan extraordinaria la mente de Dios. Sólo nos presenta paradojas. Él nos desampara por completo y nos deja caer en el pecado; y después toma esa debilidad moral que normalmente nos deja pasmado, y la convierte en nuestra mayor ventaja.

Jere

```
Papá:
   Cuando a uno le faltan dos
trabajos de clase en el tercer
período, y está cansado del
juego, y tiene que hacer las
jugadas necesarias a fin de
seguir jugando, y se encuentra
rodeado de cinco exámenes de
cien kilos que lo miran de
frente, ¡es sin duda emocionante
esperar a ver qué juego el
Señor indicará después!
¡TREMENDO!
                        Jere
```

¡Ahora usted sabe por qué creo en el poder de los libros! Me gusta compartir con los demás las cosas buenas, y por eso cuento algunas de estas experiencias a grupos de personas por todo el país. En New Orleans un hombre fue a decirme que había iniciado a su hijo en un programa de lectura después de oírme hablar en Dallas, y estaba entusiasmado con los resultados.

— Soy mejor vendedor que tú — fue su saludo.

— ¿Cómo es eso? — le pregunté.

— Logré que mi hijo leyera un libro por sólo cinco dólares. Si hubiera sabido por anticipado lo que esos libros harían por mi hijo, ¡con gusto le habría pagado cien dólares por libro! Incluso pagaría mil dólares por libro, ¡si no fuera que tenemos seis hijos!

Cuando la gente comenzó a preguntar los

nombres de los libros que Jere había leído, imprimí una lista de los títulos y distribuí miles de copias. Más adelante llegué a la conclusión de que la mejor manera de introducir a distintos tipos de lectores en los libros inspiradores era compilar series de títulos sobresalientes para satisfacer determinadas necesidades e intereses. Puse los libros en "minibibliotecas" para líderes, vendedores, esposas, adolescentes, pastores y madres, y les puse un precio nominal. Aseguro que cualquiera que lea estos libros experimentará una constante revolución personal.

El espacio no permitirá mucha aclaración del contenido de los libros; pero me gustaría subrayar algunos de los pensamientos de las Minibibliotecas que han sido tan importantes para los Jones.

Victoria sobre las preocupaciones
John Haggai

Para su propia paz mental sobresalga en por lo menos una cosa. Concentre todas sus fuerzas en el trabajo. Reúna todos sus recursos y todas sus facultades, ponga en orden todas sus energías, concentre todas sus capacidades en el dominio de por lo menos un campo de esfuerzo. Este es un antídoto "que no falla" para la mente dividida. No disperse más sus energías. No permita que ningún interés poco entusiasta tenga la supremacía en todo. Determine la voluntad de Dios para su vida. Obtenga la ayuda y fortaleza de quien puede hacer todas las cosas. Esfuércese por dominar su campo de actividad, y gracias a su capacidad experimente la calma que elimina las preocupaciones.

La razón por qué
Robert A. Laidlaw

Supongamos que un joven le envíe a su prometida un diamante que le cuesta quinientos dólares, puesto en un estuche barato que le regaló el joyero. Cuán desalentador sería si, al encontrarse con su novia pocos días después, ella le dijera: "Mi amor, es encantador ese estuche que me enviaste. A fin de cuidarlo con esmero, te prometo que lo voy a guardar en un lugar seguro para que no le pase nada." Sería más bien ridículo, ¿no es cierto? Sin embargo, es igualmente tonto que los hombres y las mujeres inviertan todo su tiempo y pensamiento en su cuerpo, que sólo es un estuche que contiene el verdadero ser, el alma, que, según dice la Biblia, seguirá viviendo mucho después que nuestro cuerpo se haya convertido en polvo. El alma es de valor infinito.

Psycho-Cybernetics
[Psicocibernética]
Maxwell Maltz

A menudo pasamos por alto el hecho de que también el hombre tiene instinto para el éxito, mucho más maravilloso y mucho más complejo que el de cualquier animal. Nuestro creador no le dio al hombre menos que a los animales. Por otra parte, el hombre recibió un bendición especial en este sentido. Los animales no pueden escoger sus metas. Sus metas (conservación y procreación) están preestablecidas, por así decirlo. Y su mecanismo para el éxito está limitado a esas imágenes de metas ya incorporadas, lo que llamamos "instintos".

Por otra parte, el hombre tiene algo que no tienen los animales: imaginación creadora. De modo que el hombre es más que una criatura; es también un creador. Con su imaginación puede formular diversidad de metas. Sólo el hombre puede aspirar al éxito mediante el uso de la imaginación, o la capacidad de "imaginar".

(Todos los libros mencionados están en la Minibiblioteca para líderes.)

A Woman's World
[El mundo de una mujer]
Clyde M. Narramore

Usted es un ser inteligente. Dios le ha dado una mente curiosa. Sin embargo, a menos que esté satisfaciendo su exigencia de estímulo mental, perderá todo el interés.

La inteligencia no es cualidad principalmente monopolizada por el sexo masculino o por algunas mujeres talentosas. Todas las personas tienen cualidades intelectuales. Desafortunadamente, algunas mujeres llegan a ocuparse tanto con la rutina diaria del hogar o de la oficina que sofocan su intelectualidad. El factor importante no es simplemente lo que se aprende, sino también la actitud hacia el desarrollo personal. Cuando se considera el valor del crecimiento constante, las circunstancias que la rodean pueden volverse peldaños. Gran parte del conocimiento que se asimila en la vida se obtiene de una manera sencilla. Cuando una aprende a aguzar las facultades de perspicacia y se adiestra a sí misma a fin de ser más observadora, se revela todo un mundo nuevo por delante. Aun las cosas comunes y corrientes adquirirán nuevo sentido.

Advice from a Failure

[Consejo de una fracasada]

Jo Coudert

Muchas personas, si trataran a otras personas como tratan a su cónyuge, pronto no tendrían ni un amigo en el mundo. No sé por qué se supone que el matrimonio sea más insensible a los efectos de la descortesía que la amistad; pero de las personas con quienes me he encontrado, solamente los jefes de comedores, los camioneros y las parejas casadas están ofendiendo constantemente. Si fuera a formular un lema para el matrimonio, sería éste: Amor, seamos bondadosos el uno con el otro.

(Estas citas son de dos de los trece libros de la Minibiblioteca para la esposa.)

I Dare You
[Atrévase]
William Danforth

H. G. Wells dice cómo cada ser humano puede determinar si realmente ha tenido éxito en la vida: "La riqueza, la notoriedad, el puesto y el poder no son en absoluto la medida del éxito. La única verdadera medida del éxito es la proporción entre lo que pudiéramos haber hecho y lo que pudiéramos haber sido, por una parte, y lo que hemos hecho y lo que de nosotros mismos hemos hecho, por la otra."

Quiero que comience una campaña en su vida: atreverse a hacer lo mejor que pueda. Sostengo que usted es una persona mejor y más capaz de lo que ha demostrado hasta ahora. La única razón de que no sea la persona que debiera ser es que no se atreve a serlo. Una vez que se atreva, que no se deje llevar por la corriente y que se enfrente con valor a la vida, toma nueva importancia la vida. Nuevas fuerzas toman forma en usted.

Your God is Too Small
[Su Dios es muy pequeño]
J. B. Phillips

Parece que la estrategia de Cristo fue ganar la lealtad de los pocos que con sinceridad respondieran a la nueva manera de vivir. Serían los pioneros del nuevo orden, la vanguardia de la avanzada contra la ola de ignorancia, egoísmo, maldad, engaño y apatía de la mayoría de la raza humana. La meta que tenían por delante, por la que debían trabajar y orar — y, si era necesario, sufrir y morir — era la edificación de un nuevo reino de suprema lealtad interior, el reino de Dios. Esto iba a trascender todas las barreras de raza y de frontera, y — esto es importante — del tiempo y del espacio también.

Cómo hablar en público
Dale Carnegie

Usted y yo sólo tenemos cuatro contactos con el mundo. Se nos valora y clasifica según cuatro cosas: por lo que hacemos, por lo que parecemos, por lo que decimos y por la forma en que lo decimos. Sin embargo, muchas personas andan torpemente toda una vida después de terminar la escuela, sin ningún esfuerzo consciente por enriquecer su vocabulario, por dominar los matices de sentido de las palabras ni por hablar con precisión y distinción. Se acostumbran a emplear las frases trilladas y gastadas de la oficina y de la calle. No es de extrañarse que su conversación carezca de distinción e individualidad.

(Hay otros nueve libros en la Minibiblioteca para el adolescente.)

Ese increíble cristiano
A. W. Tozer

El cristiano que lleva la cruz, además, es a la vez un pesimista y un optimista empedernido como no hay otro semejante en la tierra.

Cuando mira a la cruz es pesimista porque sabe que el mismo juicio que cayó sobre el Señor de gloria condena en ese mismo acto a toda la naturaleza y a todos los hombres. Rechaza todos los esfuerzos humanos fuera de Cristo porque sabe que el más noble esfuerzo de los hombres sólo es polvo construido sobre polvo.

Sin embargo, es optimista sosegado. Si la cruz condena al mundo, la resurrección de Cristo garantiza el triunfo definitivo del bien en todo el universo. Por medio de Cristo todo se arreglará al fin y el cristiano espera la consumación. ¡El cristiano increíble!

La liberación del Espíritu
Watchman Nee

Cualquiera que sirva a Dios descubrirá tarde o temprano que el gran estorbo para su trabajo no son los demás sino él mismo. Descubrirá que no están en armonía su ser exterior y su ser interior, porque ambos van en direcciones opuestas. También sentirá la incapacidad de su ser exterior para someterse al control del Espíritu, dejándolo así incapaz de obedecer los más excelsos mandamientos de Dios. Pronto se dará cuenta de que la mayor dificultad radica en su ser exterior, ya que le impide usar su espíritu.

(Estos libros, al igual que los otros 11 en la Minibiblioteca para obreros de la iglesia, van al corazón de nuestros problemas y al centro de las soluciones de Dios.)

En una nueva serie de libros, la Minibiblioteca de la familia presenta *El Nuevo Testamento de la Biblia al Día*, la paráfrasis en el idioma contemporáneo, dos ediciones ilustradas para adolescentes de los libros del Nuevo Testamento y *Temperamentos controlados*, un libro extraordinariamente práctico sobre los problemas espirituales de la personalidad escrito por el pastor consejero Tim LaHaye.

Los lectores no son necesariamente líderes, pero casi siempre los líderes son lectores. La persona que va preparando el camino o marcando la pauta puede agotarse o secarse mental y físicamente porque la mente necesita alimento. Los diez libros de la Minibiblioteca para líderes me han ayudado como padre, esposo, vendedor, director de ventas, ciudadano y siervo. Hay muchos otros libros que pudieran añadirse a la lista, pero cinco cualquiera de éstos pueden hacer de este proyecto el más provechoso de su vida.

Datos sobre estas Minibibliotecas y los títulos de obras aparecen al final de este libro. Tienen un módico precio, y cada serie es una ganga. Profesional y personalmente, cada Minibiblioteca es una seria inversión en el futuro. Ofrecemos estos libros en Life Management Services porque ¡creemos que pueden hacer emocionante, satisfactoria y tremenda la vida de usted! Estoy convencido de que los buenos libros en las manos y el corazón de las personas correctamente motivadas ¡pueden transformar al mundo!

Regla fundamental para recordar en la lectura de libros inspiradores: Usted sólo conserva y disfruta de lo que comparte y regala. Si no va a leer con el propósito de compartir y dar, le sugiero que le dé los libros a alguien que después le diga a usted lo que leyó, y descubrirá el poder de los libros mientras observa al lector que se desarrolla mientras le habla a usted. Tal vez la mejor idea sea emplear el método de lectura y comentarios con otra persona. Usted lee un libro, su amigo lee otro, y cada uno le dice al otro los puntos sobresalientes del libro que leyó.

Ahora bien, usted ha formulado algunos pensamientos esenciales a lo largo de la lectura de este libro. Sabe que es un líder de una u otra manera; sabe cuán importante es para Dios y para sus semejantes; sabe que la calidad de la vida depende de la observancia de las leyes fundamentales del universo; sabe (espero que sepa) que la vida puede ser tremenda. Así que ¡*láncese a vivir* porque para eso nació usted!

Victoria sobre las preocupaciones, por John Haggai. Publicado por Editorial Mundo Hispano, El Paso, Tejas. Usado con permiso.

La razón por qué, por Robert Laidlaw, publicado por Moody Press, Chicago, Ill. Usado con permiso.

Psycho-Cybernetics [Psicocibernética], por Maxwell Maltz, © 1960 Prentice-Hall, Inc., N.Y., N.Y. Usado con permiso.

A Woman's World [El mundo de una mujer], por Clyde Narramore, © 1963 Zondervan Publishing House, Grand Rapids, Mich. Usado con permiso.

Advice from a Failure [Consejo de una fracasada], por Jo Coudert, © 1965 por la autora, publicado por Stein and Day, Inc., N.Y., N.Y. Edición rústica por Dell Publ. Co., N.Y., N.Y. Usado con permiso.

I Dare You [Atrévase], por William Danforth, © 1967 The American Youth Foundation, St. Louis, Mo. Usado con permiso.

Your God is Too Small [Su Dios es muy pequeño], por J. B. Phillips, © The Macmillan Company, N.Y., N.Y. Usado con permiso.

Cómo hablar en público, por Dale Carnegie, © 1956 National Board of Young Men's Christian Associations, N.Y., N.Y. Usado con el permito de Association Press. Edición rústica publicada por Dell Pub. Co. 1956.

Ese increíble cristiano, por A. W. Tozer, © 1964 Christian Publications, Inc., Harrisburg, Pa. Usado con permiso.

La liberación del Espíritu, por Watchman Nee, Editorial Betania.

Grandes pensamientos de la vida

No es tonto el hombre que da lo que no puede retener para ganar lo que no puede perder.

— *Jim Elliot*

La sensatez brilla más radiante cuando está incrustada en la humildad. Un hombre capaz pero humilde es una joya que vale tanto como un reino.

— *William Penn*

El hombre a quien no le quedan más problemas que resolver queda fuera del juego.

— *Elbert Hubbard*

Hay dos tipos de descontento: el tipo que

simplemente fomenta codicia y enredo y murmuración, y el tipo que inspira mayor y mejor esfuerzo por alcanzar la meta deseada. ¿Cuál es el suyo?

— *B. C. Forbes*

Aprendemos más prudencia del fracaso que del éxito. A menudo descubrimos lo que haremos al enterarnos de lo que no haremos, y es probable que quien nunca erró jamás hiciera ningún descubrimiento.

— *Samuel Smiles*

Si tiene una debilidad, hágala funcionar para usted como una fuerza; y si tiene una fuerza, no abuse de ella hasta convertirla en debilidad.

— *Dore Schary*

Lo grande del mundo no es tanto dónde estamos sino en qué dirección nos movemos.

— *Oliver Wendell Holmes*

Las dificultades son las que muestran qué son los hombres.

— *Epicteto*

Debo confesar que me arrodillo llevado por la irresistible convicción de que no tengo otro lugar adonde ir. Mi sabiduría y la de todos los que me rodean es insuficiente para satisfacer las exigencias del momento.

— *Abraham Lincoln*

Lamentablemente nos inclinamos demasiado a hablar del hombre tal como deseamos que fuera y no como en realidad es. La verdadera educación puede resultar sólo de la realidad desnuda, no de ninguna ilusión ideal sobre el hombre, por muy halagüeña que sea.

— *Carl Jung*

Lo que un hombre sabe debe hallar su expresión en lo que hace; el valor del conocimiento superior está sobre todo en que conduce a una hombría activa.

— *Christian Bovee*

Todos tienen grandes oportunidades, pero muchos no se enteran de que se han tropezado con ellas. La única preparación para sacarles ventaja es la sencilla fidelidad a lo que trae cada día.

— *A. E. Dunning*

En los grandes intentos es glorioso incluso fracasar.

— *Longinus*

El hombre verdaderamente grande jamás pierde el corazón de niño.

— *Mencius*

Aunque usted ya no corra peligro de que sus amigos lo consideren un hipócrita, tenga cuidado de su hipocresía con Dios.

— *Oswald Chambers*

LECTURAS RECOMENDADAS

Answers to Your Family's Financial Questions [Soluciones para los problemas económicos de su familia] (Larry Burkett)

Born to Win [Nacido para triunfar] (Lewis Timberlake)

Come before Winter and Share My Hope [Ven antes del invierno y comparte mi esperanza] (Charles Swindoll)

Destinados a la cruz (Paul Billheimer)

Evangelismo explosivo (D. James Kennedy)

Giving God's Way [Cómo dar a la manera de Dios] (John MacArthur)

Pies de ciervas en los lugares altos (Hannah Hurnard)

Casados pero felices (Tim LaHaye)

The Intimate Marriage [El matrimonio íntimo] (R. C. Sproul)

Historias de la Biblia al Día (Kenneth Taylor)

Making Life Make Sense [Cómo hacer que la vida tenga sentido] (Jay Kesler)

Myth of the Greener Grass [El mito de la gallina del vecino] (Allan Petersen)

La vida cristiana normal (Watchman Nee)

Now is Your Time to Win [Ahora le toca ganar a usted] (Dave Dean)

The Real Race [La carrera genuina] (Skip Wilkins)

Surprised by Suffering [Sorprendido por el sufrimiento] (R. C. Sproul)

Portales de esplendor (Elisabeth Elliot)

True spirituality [La espiritualidad genuina] (Francis Schaeffer)

Twelve Ways to Develop a Positive Attitude [Doce maneras de cultivar una actitud positiva] (Dale Galloway)

Success: The Glenn Bland Method [Éxito: El método de Glenn Bland] (G. Bland)

Lo que las esposas desean que los maridos sepan (James Dobson)

**Usted es hoy el mismo que será
dentro de cinco años, si no fuera
por dos cosas: las personas que
conozca y...**

Los libros que lea

Resúmenes breves en que centenares de líderes escriben de uno de los libros que más influencia han tenido en su vida.

**Serie *The Books You Read*
[Los libros que lea]
editada por Charlie "T" Jones**

. . . es en realidad una lista para orientarlo en cuanto a las mejores obras que han escrito varios autores sobre diversos aspectos de la vida. Lea con cuidado estas páginas, y estoy seguro de que hallará precisamente el libro o los libros que le ayudarán a resolver su problema específico, sea lo que sea. Piense en el tiempo que le ahorrará este valioso manual de referencia en su búsqueda de las respuestas que necesita a fin de alcanzar toda su potencialidad.

Og Mandino
del prólogo de
The Books You Read

LIBROS DE CHARLIE JONES

The books you read - Edición comercial
The books you read - Edicion profesional
The books you read - Edición devocional
The books you read - Edición histórica
La vida es tremenda
Humor is Tremendous (Jones & Phillips)
Wit & Wisdom (Jones & Phillips)
Motivational Classics
Insights Into Excellence (Jones y miembros de
    Speakers Associates)

VIDEOS Y AUDIOCASETES DE CHARLIE JONES

Price of Leadership (audio/3 horas/Toma de de-
    cisión/Las 7 leyes del liderazgo)
Laughter-Learning-Leadership (audio/3 horas/
    Seminario familiar)
Laws of Leadership (VHS-25 minutos)
Leadership through Decision Making (VHS-25
    minutos)
Emotional Maturity (VHS-25 minutos)
Communication (VHS-25 minutos)
Excellence through Humor (VHS)·

LECTURAS RECOMENDADAS

Abraham Lincoln: The Man and His Faith [Abraham Lincoln: el hombre y su fe] (Frederick Owen)

Best of Tozer [Lo mejor de Tozer] (A. W. Tozer)

Discursos a mis estudiantes (Carlos Spurgeon)

El gozo del amor comprometido (Tomos 1 y 2) (Gary Smalley)

El milagro más grande del mundo (Og Mandino)

El vendedor más grande del mundo (Og Mandino)

Man's Search for Meaning [La búsqueda humana de sentido] (Victor Frankl)

Mi todo para Dios (Oswald Chambers)

On Wings of Eagles [En alas de águilas] (Kenneth Follett)

Patton's Principles [Los principios de Patton] (Porter Williamson)

La habilidad en el trato personal (Les Giblin)

La razón por qué (Robert Laidlaw)

No permitas que nadie te robe tu sueño (Dexter R. Yager Sr.)

Nos veremos en la cumbre (Zig Ziglar)

Rekindled [Reavivado] (Pat & Jill Williams)

R.E. Lee [Roberto Eduardo Lee] (Douglas Freeman)

Rinoceronte exitoso (Scott Alexander)

Road Less Traveled [El camino menos frecuentado] (M. Scott Peck)

¿Quién se robó nuestros sueños? (Burke Hedges)

Sopa de pollo para el alma (Jack Canfield y Mark Victor Hansen)

Universidad del éxito (Og Mandino)

When All You've Ever Wanted [Cuando todo lo que haya deseado] (Harold Kushner)

You & Your Network [Usted y su red de contactos] (Fred Smith)

LIBROS ADICIONALES

Alas de águila (Ted Engstrom)
Aprecie a las personas (John Maxwell)
Atrévete a ser diferente (Fred Hartley)
Atrévete a disciplinar (James Dobson)
Cómo vivir al máximo (E. L. Cole)
Cómo vivir sobre el nivel de la mediocridad (Charles R. Swindoll)
Dios se acercó (Max Lucado)
Don de la honra (Smalley and Trent)
Esta patente oscuridad (Frank E. Peretti)
Hombría al máximo (E. L. Cole)
Lo que dices, recibes (Don Gossett)
Penetrando la oscuridad (Frank E. Peretti)
Profeta (Frank E. Peretti)
Quién soy cuando nadie me ve (Bill Hybels)
Secretos de una mujer hermosa (Anne Ortlund)
Seis horas de un viernes (Max Lucado)
Serás lo que quieras ser (Robert Schuller)
Tener hijos no es para cobardes (James Dobson)

Para más información sobre seminarios, libros y audiocasetes o videocasetes de Charlie Jones, así como otros libros de inspiración y comunicación para líderes, administradores, vendedores y para toda la familia, escriba a:

Life Management Services, Inc.
206 West Allen Street
Mechanicsburg, PA 17055

En los Estados Unidos puede llamar gratis al número:
1-800-233-BOOK (2665)